# EL CRISTIANO LIBRE

## Cristianismo para el siglo XXI

Jonatan Osuna

# Índice

# Introducción

Es mi deseo con este escrito, brindar libertad espiritual al lector. Pretendo sólo colocar esta pequeña obra literaria en el gran rompecabezas del conocimiento de cada individuo, con el fin de que obtengan más herramientas en su comprensión de la espiritualidad.

¿Por qué elegí escribir este libro?

Creo que los mismos métodos traerán los mismos resultados. Este libro es un método diferente, una forma distinta de presentar el cristianismo para el siglo XXI.

Espero tener un resultado diferente de manera positiva para la salvación e iluminación de las personas. De igual manera, es mi deseo sanar y reconstruir la fe de muchos que la perdieron, los cuales han perdido el sentido del cristianismo y de su existencia.

Para el cristiano ortodoxo, este escrito le dará más herramientas para defender su fe. Para el cristiano heterodoxo, le dará las respuestas que buscaba dentro del escepticismo que inunda esta era.

No pretendo con este libro declarar que mi conocimiento, mis propuestas, mis teorías, o conclusiones son las únicas, las más completas o correctas. Esto es solo una expresión pública de mi conocimiento espiritual. Deseo que mis conclusiones sean solo herramientas para la edificación de la espiritualidad de la persona que lo lea.

Agradezco a Dios por la oportunidad de hacer público un libro de estas características. También agradezco a mi familia, amigos y compañeros por su apoyo y tolerancia hacia mi forma de pensar.

# Las ilusiones

En verdad, el tema de las ilusiones es, a mi punto de vista, el tema más importante y trascendente en el área de la espiritualidad. Lo que a continuación te explicaré tal vez no será muy fácil comprenderlo en un inicio, pero es indispensable que lo comprendas si deseas realmente profundizar en la espiritualidad del cristianismo.

*¿Qué es una ilusión?*

No se trata sólo de buscar el significado en el diccionario, pues todos sabemos de forma burda que una ilusión es algo falso que simule ser algo verdadero. Pero aún esa definición es una *ilusión*.

Intentaré ir a la raíz de todo: en el universo todos los elementos están compuestos por moléculas. Éstas, a su vez, por átomos, a su vez por electrones… y hasta el final de todos los niveles de profundidad, llegamos a la energía como elemento base. No me meteré en teorías de física, porque de eso no se trata el libro. Sólo es indispensable que se comprenda que esencialmente todo es energía en su esencia básica.

El viento, el sonido, los elementos, están esencialmente compuestos por energía. Del mismo modo todos los seres, sean humanos, ángeles, o Dios mismo.

¿Puedes imaginar un universo dónde no existan las palabras o un vocabulario para identificar o etiquetar cada objeto o forma de energía?

¿Qué pasaría si se borrara el vocabulario del universo?

¿Te has puesto a pensar lo trascendente del vocabulario, de las palabras, y de su increíble poder de crear?

Una palabra tiene la capacidad de transformar un pedazo de materia, en oro amarillo. ¿Puedes comprender esto? Si es posible, reflexiónalo.

En un universo donde esencialmente todo es energía, no existe ni el valor, ni la clasificación de los objetos o materiales, ni sus jerarquías. En ese sentido nada existía hasta que se le dio un nombre, su función y su jerarquía, ya que sin estos títulos, todo deja de existir y se convierte en energía flotando en el espacio.

Intento llevarte suavemente a la comprensión de la creación del universo, ya que Dios no sólo creó la energía, o los elementos físicos/materiales, Dios creó también las ilusiones.

*¿Qué es la ilusión?*

La ilusión es el valor extra que se le da en nuestra mente a lo que esencialmente es energía.

La creación divina fue más allá de crear sólo energía y materia, era necesario crear ilusiones dónde esencialmente sólo había energía.

Te daré ejemplos más directos y bruscos para abrirte más la conciencia respecto a este tema tan importante.

> *El agua no es agua, es energía que fluye de forma extraña que emite sonidos extraños.*

> *La roca no es roca, es energía condensada y muy apretada de tal manera que es muy dura.*

> *El aire no es aire, es energía que fluye de forma extraña sobre superficies más rígidas.*

> *El humano no es humano, es una energía en forma de masa que actúa de forma extraña.*

En un universo, donde esencialmente todo es energía, los nombres de los objetos o elementos, son sólo etiquetas.

En un universo, donde esencialmente todo es energía, no existe mayor ni menor: todo es igual, no existe ni viejo ni joven, ni el tiempo, ni el sonido descifrado, ya que todo es energía. Todo es de igual valor, no existe ni rico, ni esclavo, ni guapo, ni feo, no existen dualidades u opuestos, ni jerarquías, ni suma, ni resta, ni multiplicación. Todos son iguales, todos tienen el mismo valor y las diferentes formas de verse o de actuar, no le otorgan un valor extra a la energía sobre otra, ni le suma, ni le resta.

Esto pasa en el universo donde esencialmente todo es energía: no existe lo bueno, ni lo malo, ni lo alto, ni lo bajo, ni el antes, ni el después, ni el rápido, ni el lento. Todo vale lo mismo, pues, esencialmente todo es lo mismo.

Dentro de un universo donde esencialmente todo es energía, no existe ni Dios ni humano, ninguno es mayor al otro. El hecho de que una energía exista primero no lo hace primero, ni que una energía surja después, lo hace segundo, pues el orden en el que aparecen las energías no afecta su valor. En este sentido, primero y segundo al igual que mayor y menor son un valor extra que se le da sólo en la mente del espectador a lo que esencialmente es energía, de esta forma estas etiquetas terminan siendo una ilusión.

Tal vez en este momento estés a punto de dejar de leer este libro y pienses: *¿qué estoy leyendo?*

Antes de dejar de leer este libro, recuerda lo siguiente: este pensamiento e ideas que desgloso es el mismo tipo de ideas que el humano del siglo XXI está adquiriendo. Si deseas compartir el cristianismo en este siglo, es necesario que comprendas lo que esta generación está comprendiendo y cuestionando.

Si has logrado comprender las ilusiones, tal vez te estés cuestionando: *¿Qué pasa con la Biblia? ¿Qué pasa con Dios? ¿Con los ángeles? ¿Con Cristo mismo? ¿Es todo una ilusión?* Mi respuesta directa a la última pregunta es un rotundo sí. Lo repetiré más claro, todo es una ilusión. La otra noticia es que Satanás, los demonios, y todas esas cosas que se etiquetan como malas, también son ilusorias. Es importante aclarar la diferencia entre la existencia y la ilusión.

### ¿Los ángeles existen?

Mi respuesta es que, existen estos seres, pero son seres que han elegido vivir la ilusión de que son "ángeles". Ellos escogieron hacer con sus cuerpos esta ilusión en su existencia. Así mismo, tú has elegido con tu cuerpo y tu mente, la ilusión de pensar que eres un humano. ¿Podemos elegir ser otro ser? ¡Por supuesto! Esencialmente, nosotros y los ángeles somos iguales,

somos energía. Ellos eligieron ser ángeles y tú elegiste ser un humano. Dios eligió ser Dios, así mismo Satanás eligió ser satanás, y todo esto aun cuando en esencia somos iguales.

Te pondré un ejemplo claro de la elección libre.

Algunos hombres eligen ser mujeres, otros eligen ser humanos poderosos como Alejandro Magno que eligió ser el humano más poderoso del mundo, ¿dudas que el eligió eso? te seré claro: ÉL LO ELIGIÓ.

¿Cristo eligió ser Cristo? la respuesta es sí. ¿Tú elegiste ser lo que en este momento eres? la respuesta es sí. Tú elegiste ser un contador, un ama de casa, un actor, o profesor, un doctor, o escritor, o tal vez una persona que limpia los baños. Y de nada hay que avergonzarse pues en un universo dónde esencialmente todo es energía, ningún trabajo es superior o inferior, todo simplemente es. Y en el momento que elijas ser otro ser, lo serás.

Así tenemos un universo lleno de seres que eligieron ser algo. En el cristianismo, tenemos a un ser o forma de energía muy antigua que eligió ser Dios, y este mismo ser eligió crear otras formas de energía que el etiquetó como su "creación": éstos son los humanos, animales y plantas. Él mismo creó una serie de etiquetas para la comunicación, un "vocabulario".

Aunque somos libres de crear un nuevo vocabulario y de darle etiquetas a cualquier cosa o situación, Dios dejó una buena base para poder existir de forma más inteligente.

Es importante comprender el papel o función que estamos tomando dentro del universo ilusorio que este ser sin nombre al que conocemos como "Dios" ha creado para nosotros. Este ser es bueno y de buenas intenciones, pues ha creado cosas hermosas para que existamos, Él ha creado una serie de ilusiones muy gratas, Él etiquetó situaciones y formas de actuar como el "amor, la paciencia, el gozo, la felicidad, la paz" y este conjunto de ilusiones es en las que él desea que permanezcamos.

Reconozco que este ser creador de tantas cosas, sean materiales como ilusorias, es un ser muy sabio e inteligente; incluso comprender a profundidad la creación de las ilusiones y etiquetas de Dios hace que nazca en mí una admiración más profunda a este ser, pues Él creó ilusiones dónde esencialmente sólo había masa o energía.

La mente es un sistema para retener ilusiones, para crear ilusiones, y para navegar a través de ilusiones personales o colectivas. En sí, la mente es la herramienta para entrar al plano de la ilusión. Sin una mente inteligente, somos bestias incapaces de comprender las ilusiones. Sin mente inteligente, nosotros actuaríamos por instintos físicos.

Dentro de todas las religiones, una ilusión es algo que realmente no existe y que se ha creado con un propósito específico o de forma inconsciente. Y al nombre que se le da a estas ilusiones se denomina comúnmente como "etiquetas".

Las ilusiones no sólo se encuentran en las cosas físicas, sino también en las cosas intangibles. Por ejemplo, la ilusión de jerarquías ("Mayor o Menor") que son ilusiones creadas para un objetivo específico.

Esencialmente, sin etiquetas todo es igual, todo tiene el mismo valor, y todo es neutro. Las etiquetas dan el nombre o ayudan a clasificar cada tipo de ilusión. Por ejemplo, la ilusión del noviazgo entre dos seres humanos donde realmente no existe nada. Donde se colocan etiquetas a las sensaciones o conjunto de pensamientos, y surgen acuerdos, y se termina creando esta hermosa ilusión… del mismo modo que se crea la ilusión de una simple amistad hasta un hermoso matrimonio.

Estar consciente de que nada es real, que todo es neutro, y que todo son sistemas e ilusiones que el humano o Dios ha creado para mejorar el funcionamiento del humano social o individual, es el principio que los iluminados o santos de todas las religiones han comprendido a lo largo de muchas generaciones.

Podemos elegir estar conscientes de que el tiempo realmente no existe, o que el amor, o el perdón tampoco... que el odio o la envidia, o que lo feo o lo hermoso no existen, tampoco lo bueno o lo malo, y que todo realmente es neutro, que nada es real, y que todo es ilusorio.

Los niños son, por naturaleza, libres de ilusiones. Ellos son libres de etiquetas ya que no saben lo que es bueno o malo. Ellos no entienden las etiquetas y no saben su significado, y aun cuando aprenden a hablar, no comprenden las ilusiones del odio, o envidia, o la venganza. Los niños son libres de ilusiones, ya que no están atrapados en la ilusión de la moda, o del dinero y no se afligen por estas cosas. Ellos son seres libres y felices. Jesús, a su vez, era libre de muchas ilusiones que solo llevaban a la aflicción mental.

Es importante comprender que nada es real en sí mismo. Si alguien nos ofende con una mala palabra, podemos comprender que esencialmente es energía en forma de aire con ondas vibratorias que se interpretan como sonido o "etiquetas de palabras", y así, de este modo nosotros mismos elegimos como estos sonidos nos afectan. Sólo se sufre únicamente cuando estamos dentro de las ilusiones, y se deja de sufrir cuando se sale de éstas.

Estamos tan atrapados en este mundo de ilusiones y etiquetas que, si no logramos comprender que son sólo eso, éstas nos pueden afectar en nuestra vida para mal y hacernos sufrir.

*El principio de las ilusiones es uno de los principios espirituales más grandes y profundos.*

Jesús comprendía perfectamente este principio y, por esto, es considerado en muchas religiones del mundo como un humano iluminado. A continuación colocaré algunas citas bíblicas y una breve explicación dónde se hace referencia al conocimiento y comprensión que Jesús tenía sobre las ilusiones.

> **Ilusión de la familia:** *Mateo 12:47-49 RVR 1909, "Y le dijo uno: 'He aquí tu madre, y tus hermanos están fuera, que te quieren hablar.' Y respondiendo él al que le decía esto, dijo: '¿Quién es mi **madre** y quiénes son mis **hermanos**?' Y extendiendo su mano hacia sus discípulos, dijo: 'He aquí mi **madre y mis hermanos.** Porque todo aquél que hiciere la voluntad de mi Padre que está en los cielos, ese es mi hermano, y hermana, y madre.'"*

En esta cita podemos leer que Jesús no relaciona la ilusión de "madre", "hermano" y "hermana", con la sangre o la carne. Jesús no se queda atrapado con la ilusión de su madre o hermanos, él logra salir de esta ilusión para poder continuar con su misión.

**Ilusión de hijo y padre:** *Juan 8:44 RVR 1960,* *"Vosotros sois de vuestro **padre**, el diablo, y los deseos de vuestro **padre** queréis hacer. Él ha sido homicida desde el principio, y no ha permanecido en la verdad, porque no hay verdad en él. Cuando habla mentira, de suyo habla; porque es mentiroso, y padre de mentira."*

En esta cita podemos leer una vez más que para Jesús ni la sangre ni la carne están relacionados con la ilusión de "padre" o de "hijo", más bien él lo relaciona con adoptar el tipo de actitudes o de mente. En este sentido, somos hijos del ser que elegimos imitar.

**Ilusión de primero y último:** *Mateo 20:16 RVR 1909, "Así, los primeros serán postreros, y los postreros primeros: porque muchos son llamados, mas pocos escogidos."*

Podemos apreciar que la etiqueta "primero" o "postrero" carece de sentido para Jesús, pues el primero puede ser el último o el último del primero. ¿Dónde está el valor del orden? Podemos ver que el valor lo crea Jesús a la manera que él considera qué es lo mejor. Una vez más, apreciamos que Jesús estaba libre de las ilusiones del orden primero y último.

**Ilusión del dinero:** *Mateo 19:21 RVR 1960, "Jesús le dijo: Si quieres ser perfecto, anda, vende lo que tienes, y dalo a los pobres, y tendrás tesoro en el cielo; y ven y sígueme."*

La ilusión del dinero es, a mi punto de vista, una de las ilusiones que pueden causar más aflicción mental a las personas. Sabemos que el problema no es el dinero, el problema es quedar atrapado en esta ilusión.

Esta cita bíblica hace referencia a una petición que Jesús le hace a un joven rico, y este joven le pide a Jesús que le diga que le hace falta para ser perfecto. El resultado es que el joven rico no logra salir de la ilusión del dinero y rechaza la petición de Jesús, y se aleja de él. La ilusión del dinero es una de las ilusiones que ha logrado atrapar a más personas en el mundo, y Jesús logró salir de esta ilusión, quien a su vez, intentó liberar a más personas.

> **Ilusión del nacimiento:** *Juan 3:3,5 RVR 1909, "Respondió Jesús, y díjole: De cierto, de cierto te digo, que el que no naciere otra vez, no puede ver el reino de Dios." "(...) Respondió Jesús: De cierto, de cierto te digo, que el que no naciere de agua y del Espíritu, no puede entrar en el reino de Dios."*

En esta cita bíblica, Jesús rompe con el paradigma de lo que el Judío consideraba como nacimiento, y crea una nueva ilusión: la ilusión de que se puede nacer de nuevo en espíritu o en mente.

¿Comprendes la profundidad de este renacimiento? En la época que Cristo vivió, entre los gentiles paganos, ya se creía en la reencarnación del ser sobre otros cuerpos.

A todo esto, Jesús crea una nueva ilusión, la ilusión de que el renacimiento no está ligado al cuerpo y que se puede renacer dentro de la mente, en otras palabras, que se puede crear una mente nueva, así como nuevos pensamientos. Al crear nuevos pensamientos y desechar los anteriores, es completamente lo mismo que nacer de nuevo, debido que al nacer no se tienen recuerdos anteriores y se crean nuevos pensamientos a partir de la concepción. En este sentido, no es necesario tener una reencarnación o volver a nacer en otra carne para lograr un nuevo nacimiento debido a que esto se puede lograr en un nivel exclusivamente mental.

Lo diré en otras palabras: Jesús logró crear una nueva ilusión, un nuevo paradigma espiritual que logró revolucionar la reencarnación física que se creía en culturas hinduistas en su época, al adaptar la reencarnación o renacimiento a un plano exclusivo de la mente.

Al terminar de leer y analizar estas citas bíblicas, podemos apreciar que Jesús era un ser que tenía la capacidad de vivir fuera de las ilusiones, así mismo de fluir limpio a través de éstas, y también él tenía la capacidad de crear nuevas ilusiones que ayudaban a salir del sufrimiento o aflicción mental, logrando de este modo poder otorgar paz y vida a las mentes de las personas.

Ahora que comprendemos que esencialmente nada es real y que todo es un conjunto de ilusiones o etiquetas diseñadas para un fin o propósito, pasaremos al siguiente capítulo.

# La fe

En la Biblia se da la siguiente definición de la fe:

*Hebreos 11:1 RVR 1960, "Es, pues, la fe la certeza de lo que se espera, la convicción de lo que no se ve."*

En un universo de ilusiones, la fe sostiene y mantiene unida la realidad. Ya que sin fe, nada existe, ya que esencialmente todo es solo energía. Todas las jerarquías, así como las formas de amor y odio, existen sólo cuando se cree en éstas. La fe sostiene la realidad que Dios creó, ya que sin fe no existe la madre, ni el padre, ni el hijo, ni el amigo, ni la esposa o esposo, ni los primos, ni los ángeles, ni Dios mismo. Sin fe, TODO es meramente energía sin sentido.

Es necesario creer en lo que queremos creer para que exista. Aunque la energía tenga forma de masa, y haga sonidos o reacciones, esencialmente es sólo eso. Cuando a esto le nombramos "ser humano", "Dios", "ángel", o "demonio", esta energía cobra sentido únicamente en nuestra mente. Y únicamente en nuestra mente es lo que es.

Hebreos 11:6 RVR 1960, *"Pero sin fe es imposible agradar a Dios; porque es necesario que el que se acerca a Dios crea que le haya, y que es galardonador de los que le buscan."*

En este sentido que la Biblia señala, si tenemos falta de fe, y si no creemos que Dios es Dios, esto mismo sólo es energía en el universo en nuestra apreciación individual. Así mismo, si no elegimos creer que nuestro padre es nuestro padre, y si no elegimos creer en las jerarquías, nuestro padre sólo es una masa en el universo sin sentido ni forma.

Cualquier forma necesita una etiqueta para ser identificada y tratada como tal, ya que sin "etiquetas", la forma no tiene sentido, siendo masa y energía. Comprendiendo todo esto, podemos ver que la fe es lo que sostiene la realidad frágil formada meramente de ilusiones mentales, es lo que hace que las ilusiones sean reales al menos en nuestras mentes.

Para crear cualquier estructura social o jerarquía, es importante tener la fe, *creer.*

Cuando varios seres se ponen de acuerdo para creer en la misma ilusión, surge la magia de la realidad o ilusión colectiva. La realidad colectiva ha formado todo lo que comúnmente creemos que es la realidad. Fue porque el humano eligió creer en Dios, y Dios eligió creer en el humano que este vínculo de Dios-y- humano existe. Si uno de los dos pierde la fe en el otro, esta realidad colectiva desaparece, y desaparece esa ilusión, como consecuencia, Dios y humano dejan de existir como "Dios" y "humano", y se convierten en seres de energía.

Así mismo, el amor es la realidad colectiva de pareja o esposos. Es necesario que los dos tengan la misma fe, que los dos crean en la misma ilusión para que esta se haga realidad, al menos en sus mentes. Si uno pierde la fe en el otro, la ilusión desaparece automáticamente y la ilusión del amor de pareja se extingue.

Así mismo, se construye el poder de las personas, y en el liderazgo, es importante que colectivamente tanto el líder como el seguidor elijan creer en la misma ilusión. El líder ha de creer que es "líder", y el seguidor debe creer que el líder es su "líder" y tener fe en eso, ya que si uno de los dos pierde la fe, la ilusión de líder se pierde.

De igual manera, la belleza existe por la fe. En el momento que el apreciador de la belleza elige no creer en esa belleza, la "belleza" se desvanece.

La fe sostiene los reinos, a los presidentes, y si el pueblo deja de creer en el presidente, éste dejaría de serlo. Así mismo, si todos eligen creer que otro ser humano es el presidente, éste lo sería. Entre los seres conscientes de las ilusiones, se toman conscientes decisiones sabiendo que el poder de la fe construye los reinos o los imperios, incluyendo el reino de Dios. Jesús mismo lo dijo en Mateo 17:20, *"...si tuviereis fe como un grano de mostaza, diréis a este monte: Pásate de aquí allá: y se pasará: y nada os será imposible."* Comprendiendo esta cita bíblica sabemos que si tienes fe como un grano de mostaza moverás montañas, y yo creo que se trata más allá que una sola montaña, ya que la fe construye todo el universo, y la fe sostiene todas las ilusiones, todas las realidades, todos los sentimientos.

*¿Cómo creamos la fe?* La fe es tener la certeza irrevocable de que una ilusión es real en un universo donde esencialmente todo es simple energía.

*¿Qué es la ilusión?* La ilusión es el valor extra que se le da en nuestra mente a lo que esencialmente es energía.

En este sentido, nosotros elegimos en nuestras mentes individuales crear a Dios, elegimos crear a los ángeles y a los demonios. Nosotros elegimos crear sistemas de jerarquías, nosotros elegimos crear sociedades, nosotros elegimos crear padre, madre, hijo, amigo, hermano. Nosotros elegimos crear amor, odio, tristeza, gozo. Ya que todo esencialmente es energía, nosotros elegimos consciente o inconscientemente creer y tener fe en las ilusiones que creemos.

¿Sí esencialmente todo es energía y todos somos esencialmente iguales, cuál es el fin de clasificar la energía y etiquetarla? ¿Cuál es el fin de la fe? Estas son preguntas que me las he cuestionado durante mucho tiempo. En mi conclusión, la finalidad de las ilusiones, de la fe y de las etiquetas es crear la existencia. Ya que la existencia se sostiene únicamente teniendo fe en las ilusiones. Si la perdemos, automáticamente nos transformamos en energía, en una masa flotando en el espacio y dejamos de existir.

La existencia depende de la fe en las ilusiones, y en este sentido, para bien o para mal, nuestra existencia depende de tener fe en cosas esencialmente *"falsas"*, y he colocado la palabra *falsas* entre comillas porque esencialmente lo falso tampoco existe. Con esto dicho, si deseas existir, debes elegir tener fe.

Dios mismo, entendiendo que la existencia depende de tener fe en las ilusiones, creó la ilusión de animales, de plantas, de hombre, de mujer, de hijo, de hija. ¿Te has imaginado ver a tu hijo nacer y sólo pensar *"Mira, una masa que se mueve"*? ¿Te has puesto a pensar de dónde surge la ilusión de padre e hijo y por qué esta ilusión está en todas las culturas?

Abriré un poco más tu mente para que este tema esté aún más claro.

Imagina que en otro mundo al nacer un ser tuyo, no lo vean como un "hijo", y que el padre y la madre lo vean como tú mismo, naciendo otra vez. Éste es un mundo donde al ser que nace de ti es un clon tuyo y lo respetas como si fueras tú mismo en otro cuerpo. A este ser no lo tratas como hijo, sino como un igual, e imagina que esta fuera la fe y la creencia o la ilusión de todo este mundo. En este mundo, los conceptos de padre, madre o hijo, no existen.

Insisto, ¿te has puesto a pensar de dónde surge la ilusión de padre, madre, e hijo? Sí esencialmente todo es energía o masa, ¿quién eligió crear esa creencia? ¿Quién inició esa ilusión o ese paradigma?

Esto es algo totalmente sorprendente, porque la ilusión de padre, madre, e hijo, está en todas las culturas y todas las religiones del mundo, y esto nos da una gran pista de que todos esencialmente venimos de una mente que ha puesto estas creencias en los primeros seres humanos. Desde un punto de vista escéptico, no necesariamente fue Dios, pero pudo haber sido el primer ser consciente. Aun así, la complejidad de las ilusiones con las que vivimos, tanto en jerarquías como en moralidad, pareciera que las debió haber creado un primer pensador muy intelectual que haya implantado este conocimiento a todas las culturas de nuestro mundo. Y todos los humanos fuimos criados desde pequeños con estas formas de ilusiones que ahora son nuestros paradigmas.

Desde niños, se nos ha dicho en que hay que tener fe, pues la fe en las ilusiones nos da el sentido de existencia.

Analizando la fe colectiva, si no crees que algo existe, entonces no existe colectivamente, así como para aquellos que creen que Dios no existe, ya que él realmente tampoco existe en su mente. Pero, para los que creen que Dios existe, éste es *real*, y experimentan incluso milagros, debido a que el ser que nosotros elegimos que sea Dios, elige creer también que Él es Dios. Dios mismo tiene fe en que es Dios, si él pierde la fe en sí mismo dejaría de ser Dios.

Para que exista cualquier ser o cosa, es necesario creer que existe: el amor, el odio, la pareja, los hijos, los padres, los amigos, los reyes, los súbditos, los guerreros, los líderes, los ángeles, los demonios, las maldiciones, los milagros, y Dios.

# La moralidad

La moralidad, en esencia, tampoco existe, y es meramente una ilusión.

Es importante aclarar que las ilusiones no son buenas ni malas, sólo que tienen como propósito cumplir funciones específicas para un mejor desarrollo o funcionamiento de todo lo que se encuentra dentro de un plano material o físico.

¿Cómo se desarrolla la buena moralidad? La respuesta rápida es por causa y efecto. Lo interesante es que la moralidad, además de intervenir en el plano físico, interviene también dentro del plano ilusorio. Pues, la moralidad es por así decirlo es el conjunto de reglas para poder existir físicamente de forma pacífica y plena, y, también, se puede utilizar para regular las reglas de las ilusiones. Daré un ejemplo para ayudar a comprender este concepto.

El fútbol soccer es una ilusión, donde físicamente se patea una bola de materia, en el plano ilusorio, ya que se trata de un encuentro deportivo donde hay un ganador y un perdedor. Para regular esta ilusión, se crearon reglas morales de la cancha, y en base a estas reglas morales, se puede regular un partido estable. Cuando se falla a la regla moral del juego, se comete una "falta" o un "pecado", y como consecuencia, se le otorga una tarjeta amarilla o "amonestación", mientras que en algunos otros casos, hasta son expulsados del partido por no elegir respetar la moralidad del juego.

La moralidad se crea no sólo en los deportes, sino también en el trabajo laboral, y también se crea para conducir un automóvil. Es fácil notar que donde existe moralidad, existe el pecado; y donde hay reglas morales, existen las infracciones y los castigos, pues la moralidad no puede existir si ésta no se cumple.

Sabemos que Dios creó una moralidad para su creación. Para la humanidad, se trata de un conjunto de reglas, y sabemos que todo esto es una ilusión creada con la finalidad de tener una mejor coexistencia con todos los seres de este mundo.

Lo que dentro de mi moralidad no es pecado, dentro de la perspectiva moral de otra persona puede ser pecado. Lo que dentro de mi moralidad no es pecado, puede ser que dentro de la perspectiva moral de Dios lo sea.

# La realidad, el sistema e ilusiones que Dios creó

Este tema para un cristiano será un tema muy profundo, debido a que como cristiano crees incuestionablemente en Dios y en Cristo. Y ahora que ya has comprendido un poco lo que son las ilusiones y las etiquetas… ¿Te has puesto a pensar en la razón por la cual Dios hizo lo que hizo? ¿Por qué razón creo las ilusiones? ¿Por qué razón creo las jerarquías de los ángeles? ¿Por qué razón creó la ilusión del bien y del mal? ¿Por qué razón creó la ilusión de que Él es Dios y superior a todos nosotros? ¿Por qué razón creó la ilusión del amor o la ilusión del perdón? ¿Por qué razón creo las etiquetas?

¿Estará Dios mismo atrapado inconscientemente en las ilusiones que él mismo creó, como la de poder o la de jerarquía? ¿Estará inconscientemente atrapado en su propio sistema? ¿Estarán los ángeles conscientes de estas ilusiones y que son parte de un sistema de jerarquía e instrucciones que esencialmente no existe? Y si Dios está consciente de esto y los ángeles también, ¿cuál es la razón para seguir participando de este sistema o ilusión?

Estar consciente de las ilusiones, no significa automáticamente dejar de participar en alguna de ellas, pues muchas ilusiones o etiquetas se crearon para lograr el funcionamiento óptimo de lo físico o espiritual.

Dios existe como un ser que eligió ser creador. Esencialmente, todos somos energía, y en esencia todos somos iguales, pero en formas complejas no somos realmente iguales. Aunque en esencia todos lo somos, un humano no reacciona igual que el agua, ni que una planta. Es importante comprender la diferencia entre lo ilusorio que intrínsecamente no existe y lo físico que intrínsecamente si existe. Escribiré algunos ejemplos a continuación para comprender mejor estos conceptos.

La palabra "camisa" es una ilusión que esencialmente no existe, lo que sí existe es un pedazo de tela con una forma específica. La "camisa" es la etiqueta que se le dio a esta forma de tela. A otras formas de tela se les puso otras etiquetas como "falda", "abrigo", "blazer".

Los títulos o etiquetas de "abogado", "maestro", "príncipe", "soldado", "presidente", son también etiquetas ilusorias que en esencia no son existentes, ya que lo que realmente existe es un humano que ejecuta diferentes funciones.

Así mismo, ocurre con la moralidad: lo que es bueno, lo que es malo, lo que correcto y lo que es incorrecto son sólo ilusiones. Lo que realmente existen son los movimientos y las acciones de los seres. Lo que en un país puede ser moralmente aceptable, en otro puede ser una falta de respeto.

El vocabulario es una ilusión que esencialmente no existe, lo que realmente existen son sonidos que se emiten y formas escritas. Hay palabras que en un país significan un cumplido, y en otro país esa misma combinación de fonemas puede ser un insulto.

Las jerarquías son ilusiones que esencialmente no existen, no hay mayor, ni menor, ni alto, ni bajo, ni superior, ni inferior, lo que realmente existe sólo es energía.

El amor, el odio, el rencor y la envidia son ilusiones que esencialmente no existen, lo que realmente existe es solo energía.

¿Puedes imaginar un mundo sin ilusiones? Este sería un mundo sin padre ni madre, ni hijo, ni rey ni siervo, ni maestro ni alumno, ni bueno ni malo, sin amor, sin odio, sin éxito ni fracaso, sin abogados, sin doctores, sin hombres, sin mujeres, sin niños, sin niñas, sin animales, sin plantas, sin frío, sin calor, sin tiempo, ni espacio, ni vocabulario, ni palabras. En este mundo imaginario existe todo lo que en nuestro mundo existe materialmente, pero no poseen clasificación, ni etiqueta, y al no tener estas clasificaciones, ni nombres, ni jerarquías, todo es igual.

¿Se podría vivir en este mundo? La respuesta es "sí", ya que todos podrían vivir en base a instintos físicos para alimentarse o reproducirse, pues sería supervivencia primitiva. En este mundo, muchos principios éticos se harían inconscientemente en base a la causa y el efecto, por ejemplo, no se robaría la comida a un animal para que éste no te persiga y te haga daño. Este mundo sería un mundo totalmente primitivo.

Así que la creación de Dios no puede ser exclusivamente material, ya que si Dios hubiese creado únicamente la existencia material, nuestro mundo sería un mundo primitivo como un mundo de bestias salvajes donde viviríamos exclusivamente por impulsos físicos.

Esto nos hace apreciar claramente que Dios creó también las ilusiones. Dios creó el vocabulario y las etiquetas básicas que eran esenciales para que la realidad existiera. Dios también creó las jerarquías, y la ley moral con la cual actuar y vivir; a estas ilusiones básicas las llamaremos las "ilusiones divinas".

Analizando a Dios podemos entender lo siguiente: Él es un ser que es muy antiguo, que tiene la capacidad creadora; y además de tener la capacidad de crear materia, vida y a otros seres complejos, también tiene la habilidad de crear también ilusiones muy complejas y llenas de significado como la ilusión del amor, del perdón, y de la misericordia, entre muchas otras.

Es importante comprender que el ser humano inteligente se crea sumando las ilusiones mentales a la vida primitiva. Si borramos las ilusiones de nuestra mente, nos convertimos en bestias que sólo viven por impulsos físicos. Dios quiso elevarnos sobre las bestias y plantas, Él nos dio la capacidad mental de comprender las ilusiones y poder fluir a través de éstas.

Por ejemplo, ¿alguna vez vieron algún documental de niños que fueron criados por animales? Algunos de estos niños vivieron entre lobos, otros entre gallinas, otros entre perros o monos. A estos niños no se les enseñó ninguna ilusión, y vivían completamente bajo instintos, convirtiéndose en bestias. Algunos fueron llevados a rehabilitación donde se les enseñó las ilusiones y la forma de actuar como personas. Algunos jamás se recuperaron por completo, pero algunos sí, aunque siempre quedaron con secuelas.

Dios tenía un plan más elevado para el humano que nada más ser una simple bestia: él les daría las ilusiones divinas y un vocabulario, así como darles las reglas morales sobre cómo actuar. El humano inteligente es dependiente de las ilusiones para no convertirse en una bestia. Dios colocó ilusiones divinas sobre nosotros para que pudiéramos ser como él en sabiduría, así como en formas de pensar y actuar.

Si volvemos a analizar a Dios, *¿Quién es Dios?*

Él es un ser que en la eternidad, fue desarrollando habilidades creativas para organizar la energía de formas inteligentes con las cuales pudo crear materia y vida. Aun después de dominar este arte, dominó también el arte de las ilusiones, y eligió crear orden y etiquetar toda la materia que él iba moldeando. Él eligió crear un universo, eligió crear jerarquías. Y debido a que el tiempo es ilusorio y esencialmente no existe, este ser tiene la virtud de ser eterno, ya que la ilusión del tiempo la creó Él mismo. El tiempo no existía antes de que Dios creara esta ilusión.

Este ser al ser el más sabio y con más conocimiento creó sobre sí mismo la más grande ilusión que se puede crear sobre cualquier ser, la ilusión de ser "Dios". La moralidad y las jerarquías de los seres, sean ángeles, humanos y bestias, fueron creadas con la función de crear una existencia equilibrada. Del mismo modo, las leyes morales de Dios tenían como fin preservar una sana y feliz convivencia, así como la interacción entre seres inteligentes, sean ángeles o humanos.

Cada ser a su vez es libre de elegir vivir acorde a las ilusiones que él mismo elija, ya sean divinas o acorde a las ilusiones de este mundo.

Lo que básicamente Cristo explica en su venida es que hay ilusiones que el humano crea que llevan al sufrimiento y aflicción, y que los mandamientos y leyes de Dios son las ilusiones y etiquetas con las cuales los humanos y todo el universo podrían vivir de forma completa y sana.

Es imposible vivir sin ilusiones o sin etiquetas, de lo contrario sería mantenernos en un estado primitivo como bestias y sin pensamientos, pues cada pensamiento es una etiqueta. Sin las etiquetas no existiría el vocabulario, ni la escritura, y no existiría una comprensión de conceptos o elementos. Sin vocabulario, no se podrían crear las ilusiones; sin las ilusiones, la existencia pierde sentido y nos convertimos en solo objetos ocupando un lugar en el espacio.

En mi deducción, Dios creó las etiquetas para el desarrollo de la inteligencia, y las ilusiones se han creado para dar sentido a la vida o al universo.

Dios pudo haber creado un universo y un mundo donde no existieran las ilusiones, donde no hay bien, no hay mal, no hay alto, no hay bajo, no hay hermoso, no hay feo, no hay superior, no hay inferior, no hay mejor, ni peor, no hay correcto ni incorrecto.

Pero, ¿qué sentido tendría vivir en un mundo o universo dónde todo es neutro? ¿Qué sentido tiene vivir en un universo donde hacer una acción no lleva ninguna reacción, donde el movimiento no significa nada, donde los pensamientos no crean nada, no hacen ni deshacen, donde todo es igual, donde cualquier combinación molecular o química es igual y da igual y sirve para lo mismo y no crea nada.?

El humano aún con vida, sin un vocabulario o etiquetas es como si estuviera muerto. Y un humano sin un universo lleno de ilusiones, es como si no existiera. Dios al dar la vida al humano, no sólo era necesario darle aliento para crear vida. Para crear una vida real, era necesario añadir etiquetas y un vocabulario, y también era necesario crear ilusiones como la ilusión del amor, del perdón, del pecado, de la santidad, de la familia, de la amistad, de las jerarquías superior o inferior, del padre, de la madre, y del hijo. Todas estas ilusiones son vida. Sin ellas, aunque nuestro corazón latiera y nuestros pulmones respiraran, sería como vivir una vida sin sentido, similar una simple roca o un objeto inanimado.

Las ilusiones fueron creadas con el propósito de dar la sensación de existencia. Cada ilusión fue creada con su dualidad o un opuesto, ya que sin la dualidad no se comprendería completamente la ilusión. Para que el universo comprendiera la ilusión de la vida y la valorara, se tuvo que crear la ilusión de la muerte; para que el humano comprendiera la ilusión del amor, la felicidad y paz, se tuvo que crear la ilusión o las etiquetas de tristeza, infelicidad o angustia; para que comprendiera la ilusión de la santidad se tuvo que crear la ilusión del pecado; para comprender la ilusión del bien se tuvo que crear la ilusión del mal.

Muchas veces escucho decir, *¿por qué Dios permitió el pecado? ¿Por qué Dios permite la muerte?* Dios permite todo esto, porque sin todo esto no se podría ver su dualidad, no se podría ver la santidad, o la vida misma.

Nada se aprecia y nada se valora, hasta que se conoce su dualidad o su contraparte. Dios creó las dualidades para que existiera un significado y razón de ser de la vida. Repetiré este concepto para ser más claro: *si Dios hubiese creado un universo sin dualidades sería un universo carente de valor en sí mismo.* Un universo monótono, sería como un universo muerto en vida. Si Dios hubiese creado un universo sin el conocimiento de las dualidades negativas, sería un universo unilateral donde las ilusiones de jerarquías o principios buenos no tendrían sentido, ni se comprenderían pues de nada sirve sostener estas cosas ya que no se comprenden sin sus dualidades negativas.

Antes de que Dios etiquetara las dualidades negativas (el odio, rencor, envidia, dolor, angustia, tristeza, muerte etc.), el universo carecía de sentido en sí mismo, pues al ver un solo lado de la moneda, no sabes si estás en el lado correcto o en el incorrecto. Era necesario permitir la existencia de dualidades negativas para completar la creación perfecta y llena de sentido.

Dios creó las ilusiones y sus dualidades para poder darle sentido a nuestra existencia: darle un propósito. Es importante reconocer que algunas ilusiones te llevan a la aflicción de espíritu mientras que otras lo hacen para tener una existencia completa.

Dios mira la importancia de las ilusiones como parte del equilibrio de la vida, y para la correcta existencia dentro de estas ilusiones creó principios y mandamientos para poder existir en paz y armonía. Sabiendo que somos seres con libertad de crear nuestras propias ilusiones y realidades, Él nos ayuda en su sabiduría para poder tener una existencia más plena guardando sus mandamientos que son sus ilusiones, su realidad. Él creó la ilusión del santuario o tabernáculo, creó la ilusión de que Él es Dios y de que Cristo murió por nosotros, todo con el propósito de dar vida y razón de existencia a la humanidad.

Porque sin razón de existir, sin propósito y sin ilusiones que vivir, nuestra existencia no tendría sentido y sería como estar muertos en vida. Así que las ilusiones no son un mero capricho, son realmente indispensables para la existencia pues sin ellas seríamos un objeto sin sentido, ni tendríamos razón de ser en el espacio.

Si los ángeles no tuvieran sus jerarquías, sus puestos, ni sus responsabilidades, serían simples objetos en el espacio y su razón de ser no sería existencia verdadera. La ilusión de sus cargos y puestos que ejercen con Dios es un juego de ilusiones que se deben jugar para que puedan existir de manera significativa, ya que si no fuese así, serían objetos sin sentido.

Así, también, los demonios y Lucifer pueden elegir escapar de las ilusiones de sus jerarquías o puestos, pero dejar sus ilusiones de que tuvieron puestos altos y elevados es perder su razón de existir y serían objetos sin sentido.

Sus recuerdos y sus jerarquías son su razón de orgullo, su razón de existir, y si abandonaran esto es como morir en vida: si matas el propósito de existir automáticamente dejas de existir y te conviertes en algo similar a un simple objeto. Estas jerarquías e ilusiones son el motor del universo completo, sin las cuales estaríamos muertos en vida.

Cuando pienso en las ilusiones, me entra algo de inquietud. Por un lado comprendo que las ilusiones no son la realidad esencial en sí misma, que realmente no existe la jerarquía de Dios, o los puestos de los ángeles, o el puesto de los humanos caídos en pecado. Me inquieta saber que, esencialmente, nada de esto existe: ni el bien, ni el mal, y que incluso la muerte de Cristo fue parte de un sistema para completar una ilusión que Dios había creado.

Pero, aun sabiendo que todo es una ilusión y que esencialmente nada es real, también comprendo que sin estas ilusiones, la humanidad o el universo carecería de sentido de existencia y de alguna forma estaríamos muertos en vida, tal vez estaríamos con el corazón latiendo, pero muertos como objetos flotando en el espacio.

Así que, todo esto me hace pensar que aunque las ilusiones no son esencialmente reales, sí son totalmente indispensables para la existencia completa de la humanidad, o de los mismos ángeles. Si yo elijo separarme por completo de las ilusiones, mi vida pierde sentido y no tendría razón de ser. Sin la existencia de las ilusiones, no existe lo malo, ni lo bueno, ni lo hermoso ni lo feo, todo es igual, y nada que haga cambiaría nada, pues esencialmente todo es igual. Comprendiendo todo esto, me veo obligado a ser parte de las ilusiones para que mi existencia tenga una razón de plena existencia.

Aun con todo esto, el problema está en los paradigmas religiosos, ya que así como puedes quedar atrapado en las ilusiones mundanales, como las riquezas o la vanidad, también puedes quedar atrapado en las ilusiones religiosas... de tal forma que el extremismo se hace presente de forma enfermiza.

Puede pasar que al estar completamente absorto en las ilusiones religiosas, no podamos ver que la razón verdadera de las ilusiones es dar existencia plena. Podemos pensar que las ilusiones son la salvación, cuando realmente vivirlas es lo que le da significado a la vida. Al comprender las ilusiones, nos convertimos en personas más tolerantes hacia otras personas que viven en ilusiones diferentes a las nuestras, y comprendemos así que para estas personas, sus ilusiones son su razón de existir. Por esto es importante la tolerancia, el respeto y la libertad de conciencia a todos los seres pensantes.

Las ilusiones de Dios en la Biblia se representa con construir tu vida sobre la roca, las ilusiones que no son de Dios se representa con construir tu vida sobre la arena. A continuación les compartiré la cita bíblica mencionada:

*Mateo 7:24-27, "Cualquiera, pues, que me oye estas palabras, y las hace, le compararé a un hombre prudente, que edificó su casa sobre la roca.*

*Descendió lluvia, y vinieron ríos, y soplaron vientos, y golpearon contra aquella casa; y no cayó, porque estaba fundada sobre la roca. Pero cualquiera que me oye estas palabras y no las hace, le compararé a un hombre insensato, que edificó su casa sobre la arena; y descendió lluvia, y vinieron ríos, y soplaron vientos, y dieron con ímpetu contra aquella casa; y cayó, y fue grande su ruina."*

Las ilusiones divinas de Dios en la Biblia se representan comúnmente como el "reino de Dios", o "el reino de los cielos": Les comparto una cita bíblica referente al reino de los cielos:

*Mateo 13:44-46, "También el reino de los cielos es semejante a un mercader que busca buenas perlas, que habiendo hallado una perla preciosa, fue y vendió todo lo que tenía, y la compró."*

# La evolución

*¿Pudo la evolución crear en millones de años combinaciones de electrones y moléculas que hayan formado la materia, la conciencia y la moralidad?*

La respuesta lógica es que la evolución también pudo haber creado todo esto. Tenemos que ser también honestos, ya que si esta teoría no fuera factible nadie creería en la evolución, así que esta teoría al tener lógica y sentido ha creado que muchos elijan creer en la evolución.

*¿Pudo un ser muy antiguo haber desarrollado mucha inteligencia y crear todo el universo?*

La respuesta aplicada aquí es que también existe la posibilidad que un ser inteligente con características creadoras pudo haber creado este universo. Aunque, honestamente, mientras más comprendo las ciencias he llegado a creer que este ser es en extremo inteligente. El hecho que el universo sea tan complejo también puede hacerte dudar que exista alguien con tanta inteligencia.

¿Quién tiene más verdad o más error? ¿Los evolucionistas o creacionistas? Ninguno de los dos tiene más verdad o más error. Cualquier opción que elijas creer puede ser verdad o puede ser mentira, ninguna tiene forma de comprobarse o de negarse completamente.

Nos toca entonces analizar ventajas y desventajas de lo que elijamos creer, y elegir lo que para cada uno de nosotros es mejor.

Para algunos seres creer en la evolución es lo que les da paz mental pues los libera de un infierno o de juicios al elegir no creer en ese ser creador. Otros eligen creer en Dios debido a que ofrece una mejor calidad de vida moral y espiritual, y ven muchas ventajas en elegir creer en un ser creador por encima de la evolución.

Si eliges ser creacionista, tienes a un Dios que ofrece ilusiones hermosas como la misericordia, el perdón, la lealtad, o el amor verdadero.

La evolución, sin embargo, no ofrece algo concreto, sólo causa y efecto, y si bien pueden tener una moralidad, ésta no es estable.

*¿Qué es entrar en el reino de Dios o el reino de los cielos?* Entrar al reino de Dios es elegir participar en el juego de Dios. Yo no le diría el "reino de Dios", pero lo llamaría las "ilusiones de Dios".

El reino de Dios es vivir las ilusiones, jerarquías, moralidad que Dios propone y que ha comunicado a lo largo del tiempo a sus profetas. En este sentido, entrar en el reino es entrar al juego que Dios propone vivir para mejorar como seres humanos, y dejar de ser bestias dominadas por nuestro cuerpo instintivo.

*¿Evolución o creación?* simplemente elige lo que le dé más de sentido y sabor a tu existencia.

# El pecado

*¿Qué es el pecado?*

Antes que todo, es importante no olvidar que el pecado es también una ilusión, y que esencialmente no existe. Esta palabra es una etiqueta que se utiliza para referirse al incumplimiento de la moralidad que Dios propone a través de sus profetas. O en otras palabras, es la dualidad u opuesto de las ilusiones divinas.

El pecado es actuar en contra de la moralidad de este ser creador.

A continuación te compartiré una cita bíblica que define de manera sencilla lo que dentro del contexto bíblico significa pecado.

> *1 Juan 3:4 RVR 1960, "Todo aquel que comete pecado, infringe también la ley; pues el pecado es infracción de la ley."*

¿Qué finalidad tiene esta etiqueta de pecado? ¿Qué finalidad tiene crear dualidad sobre la moralidad? ¿Cuál es la finalidad de esta ilusión? Su finalidad es crear un punto de referencia para identificar cuando un ser creado ha dejado de cumplir la norma moral de Dios.

Dios creó la moralidad para que los seres pudieran tener una existencia feliz y plena sobre este mundo. La etiqueta de pecado cumple el propósito de hacernos ver que estamos abandonando la senda moral que nos lleva a la ilusión del gozo y felicidad plena.

*¿La paga del pecado es la muerte?*

A continuación te compartiré una cita bíblica que lo declara:

*Romanos 6:23 RVR 1960, "Porque la paga del pecado es muerte, más la dádiva de Dios es vida eterna en Cristo Jesús Señor nuestro."*

"La muerte es la paga del pecado según el reino de Dios", según la ilusión de Dios. Pero esto no significa que morirás antes de los ochenta años o de la edad promedio que el humano muere… más bien, se refiere a que no tendrás vida eterna, y en su lugar tendrás la muerte natural que cualquier humano común tiene. Así que no hay porque asustarse, pues no te resta nada esta condena dentro de lo que la humanidad vive comúnmente.

Si eliges creer en la evolución pues no te preocupas por pecar, ni por nada de estas cosas, pues tu vida dura un periodo aproximado de ochenta años.

Así que, ¿de qué te preocupas cuando aceptas que vivirás solo ochenta años? La palabra o ilusión "pecar" realmente no debería angustiarnos, no se trata de temerle al término "pecado", pues este no te resta años de vida. En otras palabras, si eliges creer la ilusión del pecado no te quita nada, al contrario solo te podría sumar vida eterna si crees en esta ilusión. ¿Puedes comprenderlo? ¿Puedes comprender que realmente el reino de Dios no es una carga ni te quita nada? ¿Puedes comprender que el reino de Dios sólo te suma vida? Al no creer en las leyes o reglas del reino de Dios, no te resta años de vida... al creer en él, sólo suma cosas a tu vida, no le resta.

Dentro de la ilusión de Dios, los seres humanos fueron creados para vivir eternamente. Como consecuencia de que los primeros seres de este mundo cometieron pecados, la vida se les redujo a unos cuantos años como maldición para que el pecado no se perpetuara tanto tiempo entre ellos.

Dentro del sistema de Dios, tenía que existir un Cristo que viniera a salvar a los transgresores del pecado y morir en lugar de los pecadores para que no tuvieran la consecuencia del pecado original que era la muerte. Al morir por nosotros, como nuestro sustituto, nos asegura la vida eterna en la resurrección de los muertos, pero un requisito para formar parte en la resurrección de los muertos justos es entrar al reino de Dios y vivir dentro de las ilusiones de Dios. En pocas palabras, para gozar de los beneficios de la muerte de Cristo y tener resurrección y vida eterna tenemos que elegir creer en el reino de Dios: en sus ilusiones, en sus reglas, en sus jerarquías, en su moralidad... es decir, participar dentro de su juego.

¿Qué es la moralidad de Dios? ¿Qué nos ofrecen sus ilusiones? Lo que nos ofrece el reino o ilusiones de Dios es algo realmente hermoso.

No matar, no mentir, no robar, ser fiel a tu esposo o esposa, no ser un depravado sexual, controlar tu cuerpo y tu mente, amar a tus padres, amar a tu prójimo, amar a tu enemigo, amar a Dios, descansar del trabajo un día a la semana. ¿Esta moralidad o ilusiones que ofrece Dios son acaso molestas? ¿Por qué hay tanta resistencia en contra de la moralidad o ilusiones de Dios cuando éstas son maravillosas? ¿Por qué luchar para que las personas elijan creer en la evolución, con una moralidad confusa, en lugar de elegir creer en Dios con una moralidad hermosa y hermosos principios de vida?

La única respuesta que puedo encontrar es que eligen esto debido a los extremismos religiosos: la falta de tolerancia por parte de los religiosos fanáticos, debido a que señalan como pecadores a las personas que no tienen idea de las ilusiones de Dios, de su moralidad, ni de su reino. La falta de la comprensión correcta del reino de Dios y de las ilusiones es lo que causa el extremismo religioso. No se comprende que el reino de Dios no te quita nada, sólo te suma.

Los extremistas religiosos salen a las calles a predicar cosas que se te restan si no crees en el reino de Dios. Hablan que se resta vida eterna, que se te resta felicidad, que se te resta amor, y que se te resta el cielo con tus seres amados. Para un ateo, no se resta nada de estas cosas, pues simplemente no existían antes de que éstos llegaran a predicarlas.

El reino de Dios no te resta nada, pues, si no crees en su reino todo sigue igual. ¿Me puedo explicar en esto? Pero si eliges creer en su reino, se te suma una vida moral increíble, aparte de los beneficios de vida eterna ¿Por qué no creer en este Dios y elegir vivir en su reino e ilusiones? De nuevo repito que esto es debido al extremismo de muchos religiosos que han manchado el noble y amoroso reino de Dios. Ya que el reino de Dios es una ilusión maravillosa, llena de paz, amor y felicidad.

# El engaño

*¿Qué es mentir? ¿Qué es engañar? ¿Quien definió el signifi-cado de esta etiqueta o ilusión?*

Dentro de lo que una definición colectiva podría ser, encon-tramos que "mentir" es no decir la verdad, o es hacer o declarar algo falso. En este sentido, mentimos tal vez con sólo nuestra actitud, podríamos engañar con nuestra vestimenta al aparentar ser alguien que no somos en realidad, incluso con nuestro tono de voz, o forma de caminar.

En un universo donde esencialmente todo es energía, todo lo que aparenta ser algo más que energía es un engaño, una ilusión. Como no existe esencialmente padre, ni madre, ni hijo, esto podría ser considerado un engaño. Si seguimos analizando más ejemplos podríamos concluir que todo es un engaño, que esta realidad, este universo, es el mayor engaño de toda la eternidad.

Todo es una mentira si lo vemos desde el punto de vista ilu-sorio. El vocabulario es una mentira. Las etiquetas, los nombres, las jerarquías... todo es una muy buena mentira, todo es un buen engaño, todo es una elaborada ilusión. Y es importante com-prender y aceptar esto para poder ir construyendo un sólido libre albedrío.

El engaño se ha utilizado para crear la realidad, aquí es donde cabe hacer referencia entre el engaño bueno y el engaño malo. ¿Cómo distinguimos lo bueno y lo malo? ¿O lo correcto de lo incorrecto? Esto se deduce en base al estudio de la causa y efecto. Dios crea lo que él considera "engaños" o "ilusiones" que tienen un beneficio como la bondad, el amor, y buenas virtudes. *¿Es Dios el más grande mentiroso de todos los tiempos?* Dentro del contexto ya mencionado en este capítulo podemos decir que sí lo es. Él creó la ilusión donde Él es Dios.

En otras palabras, Él creó el engaño donde Él es Dios, también creó el engaño de que Él es el creador o el primero, creó el engaño o ilusión que Él es superior, que Él tiene ángeles, y que somos sus hijos. Cuando Lucifer comprendió todo esto, él tomó partido por su lado y quiso crear su propio engaño, o sus propias ilusiones.

Es importante comprender que el engaño o la mentira como acto en sí mismo no son moralmente buenos o malos, así como es importante comprender que la causa y el efecto es lo que crea lo moralmente bueno y malo. El principio de causa y efecto es el que ha creado la moralidad en todas las culturas y religiones. Dios lo utiliza para crear su moralidad. Así mismo, también lo usa su antagonista Lucifer.

En la Biblia vemos formas de actuar de Dios que podemos decir que son malas, o que son mentira, pero si nos vamos al principio donde el estudio de la causa y efecto es lo que rige lo bueno y lo malo, podemos comprender que los deseos de Dios siempre han sido buenos para la raza humana.

A continuación reflexiona las siguientes preguntas:

*¿Podemos comprender la forma de juzgar de Dios dentro de su sistema de análisis de causa y efecto, su moralidad, y su forma de interpretar lo bueno y lo malo?*

*¿Podemos tener su sabiduría y experiencia que a través de todos estos años de la raza humana él ha desarrollado?*

Siendo honestos, no podemos. No podemos comparar nuestro análisis de causa y efecto de sesenta años de vida, a un estudio de al menos seis mil años sobre la raza humana. Con esto creo que la moralidad y los análisis de causa y efecto que Dios realiza se van mejorando y puliendo con el paso del tiempo. Algunos podrían decir ¿qué hay de las citas bíblicas que mencionan que Dios no cambia y que sigue siendo el mismo siempre? Yo te puedo decir que es verdad, la naturaleza de Dios no cambia, Él es un ser que busca ser un mejor ser, un ser que también aprende, un ser que perfecciona su creación, sus pensamientos, su moralidad; esta naturaleza de Dios no cambia.

Dios no tiene necesidad de destruir al mundo, ni posee deseos de destruirlo. ¿Qué se lo impide? ¿Quién puede detener su mano si él la pone sobre este mundo? Él desea que el ser humano se asemeje a Él en su mente y carácter, ya que su mente es una mente pura e inteligente y su carácter es firme y lleno de amor.

El gran engaño de que Él es Dios, creador, superior, y que nosotros somos sus adoradores, es el engaño que puede dar estabilidad al universo; así como el humano creó el engaño de los reyes para dar estabilidad a las naciones. El engaño de Dios puede darle estabilidad al universo, y si su causa y efecto dan buenos frutos, entonces este gran engaño es lo mejor que podemos creer.

En un mundo donde esencialmente todo es energía, y donde todo lo que va más allá de esto es un engaño, debemos elegir qué engaños o ilusiones creer, y cuáles por principio de causa y efecto son los mejores para la humanidad o para el universo. ¿Qué ilusiones son las más benefactoras? Por esta razón, para entrar a este gran engaño del reino de Dios es indispensable *creer* para que pueda existir. Por eso, dentro de esta gran ilusión que es el reino de Dios, es indispensable tener fe para sostener todo el sistema.

En un universo donde todo es una mentira o engaño, todo lo que elijas creer se convierte en lo real: desde quien eliges ser, hasta lo que son todas las formas de energía en el universo. Debes elegir con mucho cuidado qué creer, porque lo harás realidad, y esto desarrollará su propia causa y su propio efecto, ya que pueden llevarte al bien o al mal, a la vida o a la muerte.

*Elige creer, elige existir.*

# La justicia

La justicia es una ilusión debido a que la justicia no es material ni física. Como ya hemos dicho, todas las ilusiones en esencia no son reales.

La justicia es una ilusión muy ambigua y muy relativa, y debido a eso, la convierte en una de las ilusiones más complejas desde el punto de vista colectivo. Lo que puede ser justo para un ser, para otro no lo es. ¿Y quién tiene la razón? Ninguno y todos a la vez. Para la existencia de una justicia colectiva es necesario tener una moralidad colectiva. En este sentido, la justicia depende de la moralidad.

Recordemos que las ilusiones se pueden aplicar de forma individual y de forma colectiva. Al decir "colectiva", me refiero a que debe participar más de una persona en la creencia de una ilusión.

Individualmente, puedes tener tu propio sentido de moralidad y de justicia, pero se vuelve complejo querer llevar tu moralidad y justicia de manera colectiva, ya que para esto, es necesario tener un acuerdo mutuo entre más de un individuo.

Retomando el tema de la justicia, ésta significa "otorgar lo que te mereces". ¿Puedes ver lo ambiguo qué es esto? Si has comprendido a profundidad las ilusiones, puedes notar que otorgar lo merecido es algo totalmente ambiguo o confuso, pues en un universo donde esencialmente todo es energía (y si lo analizamos desde una perspectiva fuera de las ilusiones), no existe ni el merecer, ni el no merecer. Todos merecen todo y todos merecen nada. En este sentido, se necesita partir primero por una moralidad ya sea individual o colectiva para poder crear una justicia individual o colectiva.

La moralidad no es otra cosa que "las reglas". Y la justicia no es otra cosa que "hacer cumplir la moralidad o las reglas". La justicia es injusta cuando las reglas morales establecidas son injustas. Así, una justa justicia depende de una justa moralidad. Pero caemos en un ciclo, pues una es dependiente de la otra, ¿cómo hacer una *moralidad justa*"? Para elaborar una moralidad justa es necesaria la observación de causa y efecto, y analizando detalladamente la causa y su efecto es más probable que el nivel de justicia de la moralidad sea más correcto. En este sentido cuando se emplea la popular frase "Justicia Divina" tienen razón al etiquetar y clasificar el tipo de justicia basada en la moralidad de Dios.

Antes de ejecutar "justicia" primero pregúntate: ¿en base a *qué* moralidad haré justicia? ¿A mi moralidad individual, o a la moralidad que propone mi nación, o a la moralidad cristiana? Pues dependiendo la base moral es el tipo de justicia.

# El amor

Para comprender el amor, es necesario entender el concepto de apego.

*¿Qué es el apego?*

Podría describir el apego desde un punto de vista más científico, y explicarlo considerando las neuronas, dendritas, y conexiones, pero deseo en verdad que cualquier persona pueda comprender mi libro.

El apego es una conexión mental o de redes neuronales que se crea cuando se está mucho tiempo o se tiene una fuerte impresión sobre un evento, cosa o ser; esta conexión que se crea nos da cierta seguridad y nos hace estar cómodos, y cuando este evento (o cosa, o persona, o ser) termina, nos sentimos incómodos pues nuestra comodidad ha desaparecido. La ruptura del apego o comodidad puede crear el sufrimiento mental por temor a lo nuevo o desconocido, ya que lo nuevo es incómodo.

Esto hace que busquemos jamás romper esa conexión con las cosas, seres o eventos a los que estamos apegados o que nos hacen sentir cómodos. *El apego no es amor.* Un bebé no siente amor por su madre, sino apego. Un animal no siente amor por otros animales, así que siente apego. Incluso en el noviazgo o matrimonio se puede estar con la pareja sin amarla, y se puede quedar sólo con apego. Podemos elegir no apegarnos a nada y así evitar la sensación de sufrimiento. Aun así, podemos elegir amar sin tener apego.

En pocas palabras, el apego es estar con un ser, objeto o lugar por comodidad y no por amor. Ya que lo nuevo y lo desconocido es incómodo. *El apego no es amor.*

Entonces, *¿qué es el amor?*

El amor esencialmente es también una ilusión, un acuerdo individual o colectivo en el cual su base es dar de forma altruista lo que personalmente consideramos qué es lo más bueno.

La Biblia nos da una definición de amor que es muy conocida en 1 Corintios 13:4-8 RVR 1960:

> *"El amor es sufrido, es benigno; el amor no tiene envidia, el amor no es jactancioso, no se envanece; no hace nada indebido, no busca lo suyo, no se irrita, no guarda rencor; no se goza de la injusticia, mas se goza de la verdad. Todo lo sufre, todo lo cree, todo lo espera, todo lo soporta. El amor nunca deja de ser; pero las profecías se acabarán, y cesarán las lenguas, y la ciencia acabará."*

Podemos apreciar en la cita anterior que la ilusión del amor que propone la Biblia está muy lejos del simple concepto del apego. Se observa claramente que la ilusión de amor es totalmente dadora, empática, altruista, pacífica, justa, verdadera y paciente.

El amor únicamente es sufrido cuando eliges el camino de la empatía, y cuando la persona que eliges amar, sufre… tú sientes el dolor. Aun así, estar en empatía infinita por el dolor ajeno no es sano, pues no dejaremos de llorar en todo momento, ya sea al ver noticias (en televisión o internet) o al ver a personas pidiendo dinero en la calle. Si la empatía se lleva al extremo, ella nos impediría también vivir. Al estar bombardeados de tantas noticias y de tanta violencia, muchos eligen hacerse inmunes al dolor, y dejan de ser empáticos, para no estar llorando y sufriendo por cada noticia diaria de muertes o accidentes. No podemos sufrir cada vez que vemos a alguien en la calle, esto es un desgaste enorme de energía. Así que, lo más sano sería no apegarse a esas cosas, y a cambio, elegir amar a estos seres sin apegarse a ellos para evitar sufrir. ¿Se puede crear un amor sin apego? Por supuesto, es lo mismo que hizo Cristo al andar por la tierra y él amaba a los desconocidos.

¿Cómo puedes amar a un desconocido? Simplemente se trata de elegir hacerlo, porque amar, no es otra cosa que hacer una obra de amor o bondad de forma altruista sin esperar nada a cambio. "Amar" es una elección totalmente racional, no emocional. Es un acto y decisión consciente de dar, y el dar de forma altruista sin esperar nada a cambio en cualquiera de sus formas, es amar; incluso dar un pensamiento bueno hacia un ser, evento o cosa, es amar. El apego no es amor, porque el apego es egoísta y sólo se piensa en la comodidad de uno mismo sin pensar en los demás.

Elegir amar a todos los seres trae la paz mental, incluyendo sobre todo a los seres, eventos o cosas que no te agradan.

¿Cómo amar al que te lastima constantemente? La manera fácil es alejarte de lo que te irrita. Así no rompes tu paciencia y a la vez no dejas de amar y estás en paz. No necesariamente es "alejarte físicamente", porque en ocasiones esto es imposible, sino que también te puedes alejar espiritualmente o mentalmente de lo que te irrita.

¿Cómo amar a humanos destructivos? Mi respuesta es de la misma manera que amas a una bestia destructiva como un león o tiburón. El hecho de que estas bestias sean destructivas no significa que no podemos amarlas. Muchos humanos aman y protegen a estos animales (aunque sean destructivos) pues no son culpables de no tener una conciencia desarrollada como el humano. Un humano que ha sobrevivido a un ataque de un tiburón, no lo odia, pues sabe que no son malos animales, son sólo ignorantes; un humano lo puede seguir amando y deberá aprender a tener más cuidado y no acercarse a este animal de la misma forma que lo hizo anteriormente.

Si logramos comprender que los humanos destructivos son como estas bestias, podríamos amarlos y respetarlos, cuidarlos y protegerlos, aunque tomaremos distancia de ellos por nuestra protección. En este sentido, tal vez nos tocó vivir en una familia con hermanos, padre y madre destructivos, y a ellos podemos elegir amarlos como se ama a un león, o a una serpiente venenosa que se tiene de mascota: se le da amor y cuidado pero con las debidas precauciones.

Comprendiendo esto, podemos llegar a la conclusión que podemos elegir amar a todos los seres humanos y animales sean pacíficos o destructivos. De esta misma manera, Cristo actuó amando aún a los que lo crucificaron y dieron muerte, pidiendo a Dios por estos seres debido a que no sabían lo que hacían. Les compartiré la cita bíblica donde Cristo hace esta declaración:

*Lucas 23:34, "Y Jesús decía: Padre, perdónalos, porque no saben lo que hacen. Y partiendo sus vestidos, echaron suertes."*

"Amar" es dar lo mejor de nosotros a un ser, aunque éste sea un ser pacífico o destructivo, de la misma manera que Jesús lo hizo cuando vino a esta tierra.

# El perdón

El perdón esencialmente es una ilusión, y como todas las ilusiones, ésta tampoco existe. Algunos dicen que "perdonar es olvidar", otros dicen que "perdonar no es olvidar y que es sólo aceptar el evento como parte de la vida y aprender a vivir con ello evitando el sufrimiento del apego o aflicción mental".

A nivel neuronal, hay eventos que ocasionan traumas, como redes neuronales que son difíciles de volver a programar. Estoy de acuerdo que perdonar no es olvidar, porque es imposible desconectar nuestras redes neuronales del cerebro, nada más al desearlo. En otras palabras, que es físicamente imposible olvidar a voluntad. Lo que sí se puede crear, sin embargo, es una reprogramación a las redes neuronales que se crearon con el evento que nos ha lastimado. Daré un ejemplo para comprender mejor esto:

Supongamos que acabas de llegar a un nuevo país donde hay insectos que jamás habías visto. De pronto, te encuentras una mariposa extraña y hermosa que jamás habías visto. Ella vuela hacia ti y tú alegremente abres tu mano para recibirla, pero para tu sorpresa te pica fuertemente, y tu mano se hincha y te duele mucho. En primer lugar, tú eliges desde el inicio interpretar el evento como algo bueno o malo, y si eliges interpretarlo como un accidente o algo que es parte de la naturaleza, no significa que perdonaste a la mariposa, ya que elegiste no ver el evento como algo dañino ni como algo malo, así que jamás hubo necesidad de perdonar, pues elegiste interpretar el evento como algo natural y tendrás paz en tu mente, aunque físicamente estés sufriendo el dolor de la picadura. Por otro lado, puedes elegir interpretar que la mariposa tenía maldad e hizo eso con mucha malicia, o puedes elegir creer que la mariposa de ese país es un ser con mucha inteligencia y astucia, y que por placer y diversión, lastima a los humanos… si eliges interpretar este evento de esta forma, buscarás la venganza sobre la mariposa, y le guardas rencor y odio.

Para sostener cualquier emoción, sea odio o alegría, es necesario invertir energía, y en el momento que la energía se termina, finaliza también esta emoción. Comprendiendo esto, sostener el odio o el rencor consume energía, y te cansa tanto de forma mental como física, ya que sostener emociones desgasta nuestras energías.

Ahora supongamos que has elegido odiar y guardar rencor a esta mariposa de ese país extraño. De pronto se te invita a perdonar a la mariposa. ¿Podrás olvidar el evento? Imposible. Lo que se debe hacer para perdonar es aceptar lo que pasó, y darle una nueva interpretación, aun si la mariposa hubiese sido mala realmente y que se divertía lastimando a los humanos, puedes interpretarlo que era un insecto confundido que no sabe lo que hace. Así como Cristo perdonó a los que lo crucificaron.

Supongamos que en cualquiera de los casos, has elegido perdonar a esta mariposa. ¿Eso significa que volverás a extender tu mano cuando vuele hacia ti? Sin lugar a dudas, nadie lo haría. En este sentido "perdonar" no significa necesariamente volver a extender nuestras manos. Tú sabes cuándo un ser puede cambiar su naturaleza y cuando no puede hacerlo. Perdonar es aceptar, comprender la naturaleza del otro ser, y después de esto debemos elegir permanecer cerca de este ser o alejarnos por nuestra protección. Perdonar da paz primeramente al que lo otorga.

La Biblia declara lo siguiente respecto al tema del perdón en Efesios 4:32 RVR 1960,

> *"Antes sed benignos unos con otros, misericordiosos, perdonándoos unos a otros, como Dios también os perdonó a vosotros en Cristo."*

# La existencia. ¿Quién soy y para qué existo?

Los recuerdos o la memoria son los pilares de tu identidad. Sin ellos, pierdes sentido de quién fuiste. Aun así, es importante comprender que tus recuerdos no son lo qué eres, pues tú no eres tu pasado, ni tu futuro, tú eres tu presente.

¿Quién soy y para qué existo? ¿Cuál es mi lugar como humano en este mundo?

Antes que todo, partamos desde tu existencia como espermatozoide y óvulo. Tú en forma consciente o inconsciente elegiste formar parte de la existencia, en cierto modo, la responsabilidad de existir tú mismo la elegiste, consciente o no de lo que "existir" llevaría consigo.

Después de comprender en profundidad lo que son las ilusiones y las etiquetas, se puede perder el sentido de existencia, pues, si todo es ilusorio y esencialmente nada existe, surge la pregunta "*¿quién soy?*". La respuesta a esta pregunta sería "no somos nada y somos todo". Si tu declaras "soy padre", ¿realmente eres un "padre"? ¿No eres también un "hijo", o un "jefe" o un "empleado"?

Los títulos que nos otorgamos regularmente nos limitan o nos atrapan en un margen muy inferior a lo que podemos ser. Podemos ser todo, o podemos elegir ser nada. Estos títulos son etiquetas que se nos colocan o nos colocamos nosotros mismos.

Moisés le pregunta a Dios: "¿qué les responderé cuando me pregunten tu nombre?" Dios le responde, "Yo soy el que soy." Este relato lo encontramos en Éxodo 3:13-14 RVR 1960:

> *"Dijo Moisés a Dios: He aquí que llego yo a los hijos de Israel, y les digo: El Dios de vuestros padres me ha enviado a vosotros. Si ellos me preguntaren: ¿Cuál es su nombre?, ¿qué les responderé? Y respondió Dios a Moisés: "YO SOY EL QUE SOY". Y dijo: "Así dirás a los hijos de Israel: YO SOY me envió a vosotros"."*

Dios da la mejor respuesta que alguien podría responder, *"Soy el que soy"*. Dios no se etiqueta a sí mismo, ni se limita a un título, o nombre, pues las etiquetas o títulos nos encierran y atrapan dentro de un margen. Dios, al ser mucho más grande que todo esto, elige ser "YO SOY" y de Dios podemos aprender a no etiquetarnos. Pues somos todo, y no somos nada. En este instante puedes elegir ser un humano fuerte y audaz, y en el otro instante pues escoger ser amoroso y paciente. De esta manera podemos cambiar y adaptarnos a cada circunstancia: en algunos años puedes ser médico, en otros años puedes ser músico. En otras palabras, tú eres el que eres en el instante, en el eterno presente. No eres lo que fuiste, ni eres lo que serás, eres lo que eres en este instante.

Lo increíble de comprender "quién eres", es que tú eliges ser qué eres en este preciso instante. Es decir, eres libre de etiquetas o títulos que te has puesto o que otros te han puesto: tú eliges quien quieres ser en cada instante presente de tu vida. El título de "cristiano" para algunos representa una serie de normas religiosas, para otros éste representa amor y misericordia. Elige darle el significado que te ayude a ser un mejor ser humano.

Si todo es ilusorio, tanto las normas o principios, incluyendo las leyes morales, o sistemas religiosos, y si nada esencialmente es real o verdadero, ¿cuál es el propósito de la existencia? ¿Con qué propósito Dios ha creado la vida, las ilusiones, las etiquetas, al humano, los animales y las plantas? ¿Con qué propósito Dios ha creado o permitido el dolor, la felicidad, el amor, y la tristeza? ¿O la riqueza y la pobreza? En mi comprensión, la existencia misma, la vida, estar vivo y ser un ser consciente es el mayor milagro. Existimos con el propósito de EXISTIR, porque sin la existencia solo hay un vacío donde no hay colores, ni luz, ni oscuridad, ni sonidos, ni silencio. Tampoco existe el tiempo, porque nada existe sin un espectador que logre etiquetar y crear ilusiones de lo que experimenta. El vacío y la no existencia es lo que Dios por alguna razón eligió evitar y suprimir del universo. ¿Es mejor la existencia sobre la no existencia? Dios en su sabiduría eligió que era mejor la existencia.

El propósito para el cual existimos, es muy simple: nuestro propósito es EXISTIR. Sólo sabemos que existimos cuando vemos la dualidad en la muerte, o en la no existencia. Lo que no tiene dualidad no se percibe hasta ver su contraparte.

Existes con el propósito de existir. Cuando yo llegué a comprender esto, decidí cumplir mi propósito de existir de una manera totalmente plena, porque la existencia lo es todo. Ya que para existir, es necesaria la comprensión de la existencia, y para comprender la existencia es necesario crear de manera consciente un lenguaje, títulos, etiquetas, y también las ilusiones. Sin estos elementos presentes, la vida carece de valor, y una vida sin comprensión, etiquetas e ilusiones es una vida sin existencia.

Dios en su sabiduría creó el lenguaje, las etiquetas, los títulos, el sistema de jerarquías y el sistema espiritual por medio del cual completar una existencia eterna, ya que dependemos esencialmente de un cuerpo para existir en este plano. Dios nos ha creado un cuerpo para existir y experimentar sensaciones físicas, Dios creó mandamientos, leyes y formas ideales de pensamientos para poder vivir una existencia plena. Elijamos existir plenamente y ayudar a que otros logren este mismo objetivo, ya que este es nuestro principal propósito con el cual fuimos creados.

# La libertad

Dios nos creó y diseño para ejercer nuestra propia libertad. Él nos hizo totalmente *libres*.

La libertad es el respiro del cielo, la libertad es la base del universo perfecto que Dios creó. La libertad es un principio hermoso ya que es el fin de todo y por el cual se hace todo. La libertad es lo que todos, en su mente, buscan realmente: es el vacío que intentamos llenar; sin libertad, la existencia carece de sabor. Amar es dar libertad. La libertad es el regalo más hermoso que podemos dar y recibir. Y cuando nos privan de ella, nos quitan la felicidad y nos quitan la paz. La libertad es por lo que se ha peleado por siglos y siglos: se peleó por la liberación de esclavos, y por la libertad de conciencia, así como por la libertad religiosa. Cuando eres libre, no tienes nada de qué preocuparte, cuando tienes libertad tienes paz. Cuando das libertad a los demás seres, mueren los celos, las envidias, y la irritabilidad.

Un principio básico de la libertad es comprender que nada nos pertenece: ni nuestros padres, ni nuestros hijos, ni nuestra esposa, ni nuestros amigos, ni nuestro Dios, ni nuestra ropa, ni nuestro cuerpo, ni nuestra mente, ni las cosas materiales, sólo nuestra conciencia nos pertenece. Demos libertad y respeto a lo que no es nuestro. Sólo podemos ejercer control únicamente sobre nuestra conciencia, la única esencia en el universo que nos corresponde.

Aunque tenemos libertad física, mentalmente podemos ser esclavos de las ilusiones. Cuando somos esclavos de las creencias y no las ejercemos desde nuestra libertad, y en su lugar lo hacemos en base a miedos o recompensas, nos llenamos de aflicción y amargura, por eso es indispensable que cada ser humano busque su propio camino. Cada ser debe ejercer su libertad. Cada ser debe ser valiente y ejercer de una vez por todas su libertad, solo así tendrá paz. El humano logrará esta paz al ser libre, al dar libertad a los demás, y al no juzgar a otros seres libres.

El cristianismo verdadero es un cristianismo completamente individual, donde se comprende que cada ser humano tiene su camino y su propósito. Es imposible encontrar a dos cristianos con un mismo camino y con un mismo propósito. Así, Dios tomará en cuenta el camino individual y propósito de cada ser, y no será de manera grupal.

El camino de Jesús era uno, y tenía un propósito. Al cumplir su propósito, él tuvo que atravesar su camino, y sus circunstancias. Cada persona cristiana tiene que comprender que tiene que seguir su propio camino y su propio propósito, ya que no existen dos cristianos que tengan que atravesar el mismo camino o el mismo propósito. Se cae en el error de juzgar o criticar cuando otro cristiano cumple un propósito diferente al de nuestros ideales.

A continuación, te compartiré ejemplos de algunas ilusiones que nos privan de la libertad:

**El miedo:** *"Mira que te mando que te esfuerces y seas valiente; no temas ni desmayes, porque Jehová, tu Dios, estará contigo en dondequiera que vayas. Josué 1:9 RVR 1909.*

Esta cita habla sobre la valentía. Ser valiente es importante para lograr la libertad, y a su vez lograr la paz. El miedo nos priva de hacer lo que queremos, y actuar en base al miedo nos aleja de nuestra libertad. Cuando obedecemos la ley de Dios por miedo al infierno, realmente somos esclavos del infierno ya que somos esclavos de lo que tememos. Un servicio a Dios hecho por miedo no tiene mucho sentido en el desarrollo personal, aunque no niego que puede ayudar a un tercero; pero, para ser fuente de paz, tenemos que tener paz, y si deseamos ser fuente debemos actuar en base a nuestra libertad, a lo que realmente queremos hacer, y no en base al miedo.

**La recompensa:** Es difícil imaginar una vida sin recompensas, pues las recompensas son la razón de la mayoría de las acciones. Nosotros trabajamos para la recompensa monetaria, y formamos hogares esperando una recompensa de felicidad o gozo.

En la vida cristiana, es común hacer las buenas obras pensando en la recompensa de entrar en la vida eterna. Pero tanto en la vida diaria como en el cristianismo, se repiten algunos patrones. Si hacemos las cosas por recompensa, podemos desistir en el camino. Pero si hacemos las cosas por amor a lo que hacemos, por convicción o vocación, la recompensa ya no importa, y seguimos haciendo lo que hacemos y nada nos detendrá.

Pondré un ejemplo solo para hacer más amena la lectura:

Es común saber de personas que estudian carreras profesionales con el solo propósito de ganar más dinero y no por amor a esa carrera profesional, y luego no tienen vocación en ella y terminan ejerciéndola mal, a su vez, ganando poco dinero. En cambio, los que ejercen la carrera que aman por vocación, ellos terminan con éxito, porque la recompensa de dinero no es el fin, sino el fruto de hacer lo que amas. Así mismo en el cristianismo, si nuestro motor de buenas obras es la recompensa de vida eterna, nuestro día a día como cristiano será una gran carga, pues no tenemos vocación por las buenas obras.

En conclusión, podemos deducir que en el cristianismo, la recompensa llegará para el que hace las buenas obras con amor, convicción y vocación.

Lo mejor es una verdadera vocación hacia los principios de Dios y los ideales de amor desinteresado al prójimo. Los que no busquen la vida eterna y tengan vocación por el amor al prójimo son a los que le llegará la recompensa. Porque buscar la vida eterna como una meta, y cumplir los mandamientos con tal de sólo tenerla, es un interés egoísta. Estas buenas acciones llevan poco mérito debido a que no se realizan por vocación al servicio, si no por su recompensa. La vida eterna que Dios ofrece es una recompensa que no nos corresponde comprarla, ni se adquiere por medio de normas, se trata de una recompensa como un regalo que se dará al que no la busca, pero que en su lugar ofrezca una verdadera vocación de amor al prójimo y servicio.

**La ignorancia:** El conocimiento nos da libertad, la Biblia declara en esta cita, Juan 8:32 RVR 1960:

*"(...) y conoceréis la verdad, y la verdad os hará libres".*

El "no conocer" nos priva de libertad, por eso uno de los ideales del cristianismo es como la Biblia lo declara en 1 Tesalonicenses 5:21 RVR 1960:

*"Examinadlo todo; retened lo bueno."*

Hasta que se tiene un conocimiento máximo de todas las cosas acorde a nuestras capacidades, podemos elegir con mayor libertad lo que realmente queremos para nuestras vidas, al aprenderlas en carne propia u observando a otros sus acciones y resultados. Pregúntate lo siguiente: ¿Qué tiene más mérito, ser cristiano por tradición familiar o por convicción? ¿Quién soportará más pruebas y quién defenderá con verdadera convicción su fe, el que por tradición familiar es cristiano, o el que por convicción lo es?

Dejemos la ignorancia para poder ser realmente libres, y elijamos ser cristianos debido a que nos consta que es la religión más pura debido al estudio general que hemos realizado.

Al seguir en ignorancia, no nos consta si la religión donde nacimos es la religión más pura. En este sentido, la ignorancia nos ha estado privando de la libertad pues no tenemos más opciones de dónde elegir y somos esclavos del conocimiento que tenemos, pues solamente podemos elegir dentro de lo que conocemos.

**Ayuda y deuda:** En algunas ocasiones, cuando recibimos ayuda, y auto-creamos una deuda o compromiso de ayudar en un futuro también a esa persona, esto nos quita la paz mental. Y hacer buenas acciones sólo para saldar deudas, es ser esclavo.

Si servimos a Dios para cubrir la deuda de que nos da vida o cubrir la deuda de que nos bendijo, o si damos ofrenda o diezmo cubriendo una deuda, eso nos hace esclavos de los favores o buenas acciones de Dios o de los demás hacia nosotros y le quitamos el mérito a la gracia o al favor.

El que ayuda, lo hace sin esperar algo a cambio, ya que de otra manera, eso no sería ayuda o apoyo, sino un convenio. Si vivimos la vida haciendo buenas acciones para pagar favores, estas buenas acciones pierden el sentido altruista y viviremos en un estado de servicio falso. Es importante saber que no le debemos nada a quien nos da ayuda, que todo lo que hemos recibido en favor o regalo ha sido de esa forma, y al entender esto nos liberaremos de las deudas mentales. Lo mismo aplicaría si la persona que nos ayudó espera algo de nosotros a cambio, pero lo que recibimos de su parte no ha sido ayuda ni un verdadero servicio.

Dios ayuda y sirve sin esperar nada a cambio. El concepto de "agradecimiento" no significa pagar una deuda, pues una acción para pagar una deuda no está vinculada al agradecimiento. El agradecimiento genuino se lleva en la mente y si no encuentras la paz con guardar el agradecimiento, piensa en cuál es el motivo por el cual no sientes esa paz.

Debido a la creencia o paradigma popular que nos dicta que al recibir ayuda debemos agradecer regresando el favor o la ayuda, esto nos hace rechazar el apoyo o la ayuda porque pensamos que agradecer es pagar el favor en lugar de una acción mental como lo describí anteriormente.

Ser un cristiano libre significa también recibir ayuda y aceptar apoyo. Jesús mismo aceptó en muchas ocasiones ayuda de personas que le dieron comida, techo, o dinero.

Piensa esto: ¿Jesús les pagó el favor de la comida o el dinero que le dieron? No lo creo así, porque pagar la deuda del servicio recibido le quita el mérito al favor o la ayuda. Regularmente se regresa el favor para no sentir el sentimiento de deuda hacia las personas, ya que algunos seres creen que la persona que ayuda tiene más poder o autoridad sobre la que la recibe, pero todo esto son sólo ilusiones o creencias falsas.

Tenemos temor de pedir ayuda a Dios porque pensamos que estaremos en deuda con él, o con la persona que nos ayudó. Pero pedir ayuda es sólo, y enfatizo, "pedir ayuda", no es hacer un trato o un convenio con la persona. Pedir ayuda es solicitar un favor incondicional que no tendremos que pagar en un futuro, y sólo daremos un agradecimiento exclusivamente en nuestra mente. ¿Por qué no pedir ayuda a Dios? ¿Por qué no pedir ayuda a amigos o familiares? ¿Por qué privarnos de nuestra libertad de pedir ayuda? ¿Por qué privarnos de nuestra libertad?

Los cristianos libres piden ayuda, mientras que los cristianos esclavos no la piden, debido a que no desean pagar el favor ni estar en deuda con Dios ni con los humanos.

Muchos piden ayuda a Dios, y empiezan a hacer una lista de lo que harán a cambio de recibir ayuda con las siguientes palabras: "te prometo que seré fiel", "te prometo que cambiaré y que dejaré este mal hábito", o "empezaré a asistir a la iglesia", o "empezaré a leer la Biblia", o "me entregaré a ti". Piensa: ¿Eso es pedir ayuda? No, eso le quita mérito al amor de Dios. Ese tipo de pensamiento nos hace ser un cristiano esclavo y no un cristiano libre. Si pides ayuda a Dios en un futuro, te recomiendo que pidas ayuda, y no pidas un convenio, al ver que Él te ama y te da la mano sin nada a cambio, para así poder entender su inmenso amor y así, lo terminarás amando con todo tu corazón. Pero al hacer convenios con Dios es imposible ver su grandeza y su maravilloso amor, ya que Él ayuda sin esperar nada a cambio porque nos ama con profundo amor y esa es su única razón de ayudar.

Sé libre y pide ayuda, la Biblia declara en Lucas 11:10 RVR 1960:

*"Porque todo aquel que pide, recibe; y el que busca, halla; y al que llama, se le abrirá."*

El servicio que le ofrecemos a Dios no debe ser para pagar una deuda o por agradecimiento, pues eso dejaría de ser un servicio por vocación pura o altruista, al contrario, el servicio que le ofrecemos a Dios debe ser únicamente por amor a Él y su causa, de la misma forma que Él nos ayuda y sirve no con la intención de pagar una deuda con nosotros, ni en agradecimiento. Él nos sirve y ayuda sólo por la única razón de hacerlo como su amor puro.

# La salud física

La Biblia declara con respecto a la salud física en Romanos 12:1 RVR 1909:

*"Así que, hermanos, os ruego por las misericordias de Dios, que presentéis vuestros cuerpos en sacrificio vivo, santo, agradable a Dios, que es vuestro racional culto."*

Dios nos ha creado dependientes de un cuerpo para poder tener existencia. Nuestro cuerpo incluso, aunque en ocasiones es controlado por nuestra conciencia, es totalmente ajeno a nosotros. Como vivimos juntos como una simbiosis para sobrevivir, es casi imposible controlar lo que nuestro cuerpo desea.

Podemos invertir un día completo explicando a nuestro cuerpo que un día es importante no tener deseos de comer o beber, pero nuestro cuerpo no nos hará caso, porque él busca su supervivencia y pedirá tanto comida como bebida. ¿Podemos privar a nuestro cuerpo a pedir comida y salud? Yo no lo creo.

Debemos respetar nuestros cuerpos, ya que nuestro cuerpo busca vivir, alimentarse, tomar agua, y oxigenarse. Respetemos dando lo mejor y más sano para su desarrollo óptimo, ya que sin él, no podemos lograr muchos objetivos que nos hemos propuestos en nuestra existencia.

En el mundo cristiano, la alimentación es un tema controversial y debatido, tanto por los extremistas conservadores, como por los liberales. Honestamente, siendo que pretendo ser imparcial en la totalidad de mi libro, puedo aportar mi siguiente conclusión sobre este tema:

Cuando es mejor para tu salud física o mental alimentarte, tomar una bebida o un medicamento, que el acto de privarte de estos mismos, entonces es mejor comer o tomar estos alimentos, bebidas o medicamentos. Lo que para uno es una comida o medicamento prohibido, puede ser la sanación física, mental o emocional para otra persona. El principio que recomiendo es alimentarse o beber lo que te dé una existencia plena, llena de dicha y felicidad tanto física como mental.

La alimentación es sólo una parte de lo que la salud física puede abarcar, pues también entra el ejercicio y el descanso, siendo igualmente importantes para el óptimo funcionamiento del vehículo de la existencia que es nuestro cuerpo. Dios eligió que el cuerpo humano dependiera del ejercicio físico para estar en su óptima función y, así mismo, lo hizo dependiente del descanso para poder restaurar su energía física. He ahí la razón por las que nos concedió las noches y un día completo de descanso para reposar físicamente.

No es mi elección adentrarme en dietas o sugerencias de alimentación, pues intento ser imparcial comprendiendo que este libro será leído por una diversidad de personas. Sin embargo, lo que sí puedo decir es que la mayoría de los cuerpos humanos funcionamos igual, y para la mayoría de los cuerpos existe una forma óptima de alimentarse la cual descubriremos y practicaremos si deseamos vivir una existencia plena.

El dolor físico, también, regularmente se vincula con la aflicción mental, y se puede perder rápidamente la paciencia o la cordura cuando existe dolor físico o si nuestro cuerpo está irritado. Estas condiciones de dolor se presentan cuando llegan enfermedades o suceden accidentes en nuestros cuerpos.

Para obtener una completa paz, y plena existencia es importante tomar en cuenta la salud física.

# La salud material

Vivimos en un mundo material, y estamos atrapados en sistemas e ilusiones efímeras que el humano ha creado.

Abraham Maslow, un psicólogo reconocido mundialmente debido a su pirámide conocida como "La pirámide de Maslow", propuso en ella que no podemos alcanzar diferentes niveles de desarrollo humano sin tener cubiertas las necesidades básicas.

Yo concuerdo mucho con él: para poder avanzar en lo espiritual, primero se debe suplir necesidades básicas como el alimento, el descanso, y el cariño. Muchos de los humanos espirituales más trascendentes lograron obtener este nivel espiritual después de primero cubrir todas sus necesidades básicas suplidas. No necesariamente me refiero a los lujos, sino más bien a tener lo básico como un techo, alimento, y descanso, entre muchas otras cosas básicas. Pues, si no se suplen estas cosas básicas materiales quedamos atrapados en querer satisfacerlas.

Las deudas nos hacen perder el enfoque en lo espiritual así como las mensualidades fijas de automóviles o de una casa, o algún que otro electrodoméstico. Es importante que para poder desarrollarnos plenamente en lo espiritual, deba haber una estabilidad material. Repito, no me refiero a tener lujos, sino más bien a tener estabilidad a un punto que ahora se pueda avanzar al siguiente nivel que es lo espiritual, y hasta tener suplida la necesidad material básica, nosotros podemos avanzar en niveles de conciencia. Debemos aprender a administrar nuestros recursos para no invertir energía y enfoque en lo material que puede ser utilizado en el estudio espiritual.

En este sentido, debido a que existimos en un plano material, tener una salud material es indispensable para tener salud física y, a su vez, para obtener libertad espiritual, ya que todo esto va ligado.

# La salud espiritual

La palabra espiritual la tomaremos dentro del contexto de llevar una vida donde la buena moralidad se enriquezca día con día.

¿Cómo enriquecer la buena moralidad? ¿Cómo enriquecer los hábitos espirituales y la comunicación con Dios? En primer lugar, se debe elegir conscientemente enriquecer la vida espiritual, y así, crecer día con día de forma espiritual. Lo primero que se me viene a la mente es el estudio de la Biblia, pues dentro de este contexto cristiano es lo primordial.

La "salud espiritual" es básicamente la nutrición diaria de la espiritualidad. En otras palabras, es la nutrición diaria de recordarnos la moralidad que hemos elegido seguir. En la Biblia se menciona que se escribían las leyes morales de Dios en los postes de las puertas para recordarlas. A continuación te comparto la cita bíblica donde esto se menciona:

*Deuteronomio 6:6-9: "Y estas palabras que yo te mando hoy, estarán sobre tu corazón; y las repetirás a tus hijos, y hablarás de ellas estando en tu casa, y andando por el camino, y al acostarte, y cuando te levantes. Y las atarás como una señal en tu mano, y estarán como frontales entre tus ojos; y las escribirás en los postes de tu casa, y en tus puertas."*

Podemos analizar que si no recordamos día con día que debemos amar al prójimo y al enemigo, tal vez lo olvidemos. Recordemos la importancia de la oración en agradecimiento por todo lo que hemos recibido de Dios, ya que del mismo modo debemos meditar en la moralidad que nos ha dejado en su palabra, la Biblia.

¿Qué es *meditar*? Esta palabra está algo confundida y sacada de su contexto por muchas comunidades cristianas, pues relacionan la meditación con prácticas de la nueva era, o lo relacionan directamente con el budismo, el hinduismo, el yoga, etc. Y al relacionarlo con estas religiones paganas, los cristianos no desean meditar para no caer en paganismo, ya que la mayoría cree que "meditar" es poner la mente en blanco cuando en realidad es todo lo contrario, "meditar" es llenar la mente de un pensamiento y analizarlo. Es importante recordar que en la Biblia también se habla de meditación, e inclusive el primer capítulo del libro de Salmos, declara que es "bienaventurado el que medita de día y de noche en la ley de Jehová". A continuación te compartiré la cita bíblica donde se menciona:

*Salmos 1:1-2 RVR 1960, "Bienaventurado el varón que no anduvo en consejo de malos, Ni estuvo en camino de pecadores, Ni en silla de escarnecedores se ha sentado; Sino que en la ley de Jehová está su delicia, Y en su ley **medita** de día y de noche."*

Te compartiré una lista con más citas que hablan sobre la meditación en la Biblia.

1. Génesis 24:63 RVR 1960, *"Y había salido Isaac a **meditar** al campo, a la hora de la tarde; y alzando sus ojos miró, y he aquí los camellos que venían."*

2. Josué 1:8 RVR 1960, *"Nunca se apartará de tu boca este libro de la ley, sino que de día y de noche **meditarás** en él, para que guardes y hagas conforme a todo lo que en él está escrito; porque entonces harás prosperar tu camino, y todo te saldrá bien."*

3. Salmos 19:14 RVR 1960, *"Sean gratos los dichos de mi boca y la **meditación** de mi corazón delante de ti, Oh Jehová, roca mía, y redentor mío"*

4. Salmos 77:12 RVR 1960, *"**Meditaré** en todas tus obras, Y hablaré de tus hechos."*

5. Salmos 104:34 RVR 1960, *"Dulce será mi **meditación** en él; Yo me regocijaré en Jehová."*

6. Salmos 119: 15 RVR 1960, *"En tus mandamientos **meditaré**; Consideraré tus caminos."*

7. Salmos 119:97 RVR 1960, *"Oh, ¡cuánto amo yo tu ley! Todo el día es ella, mi **meditación**."*

8. Salmos 119:99 RVR 1960, *"Más que todos mis enseñadores he entendido, porque tus testimonios son mi **meditación**."*

Hay más ejemplos de meditación en la Biblia. Meditar es una práctica amoral, pues no es bueno ni malo en sí mismo, ya que se trata simplemente de enfocar en tu mente un tema o algo específico, y analizar y profundizar en eso. Podemos meditar en cualquier cosa, podemos meditar, por ejemplo, en cómo evitar el calentamiento global, o podemos meditar y analizar cómo encender una fogata bajo la lluvia.

Como mencioné con anterioridad, la meditación trata de sólo analizar un tema de nuestro interés en nuestra mente, por un tiempo específico. En otras palabras, meditar es pensar mucho en algo y sacar conclusiones.

Los monjes budistas o los que practican alguna rama del hinduismo como el yoga también meditan, pero ellos meditan en sus principios morales, como los principios de sus escritos sagrados. Por ejemplo, los budistas meditan en mantras que son como oraciones que se encuentran en sus escritos sagrados del Canon Pali, y así ellos meditan en sus escritos y sutras que son como historias del Buda sobre sus lecciones de bondad y moralidad. Ellos meditan y utilizan los mudras que son posiciones de las manos para regular su energía y tener mayor atención sobre lo que se medita.

Así también, los hinduistas o los practicantes de yoga, meditan en principios que se encuentran en sus libros sagrados, como los Vedas, o Bhagavad gita, o Srimad bhagavatam, que son escritos sagrados que también hablan de principios morales sobre cómo ser un mejor ser humano.

Los judíos meditan en el Torah o en el Talmud y sus principios para ser mejores seres humanos; así mismo, los cabalistas, y también los musulmanes, meditan en el Corán para poder ser mejores seres humanos; y los satanistas meditan en principios de la biblia satánica como el hedonismo.

Comprendiendo que la meditación en sí misma es amoral, y que se puede meditar en cualquier cosa, el cristiano debería de meditar en la Biblia, que es el libro sagrado donde ellos basan su moralidad. La meditación y la oración son dos cosas totalmente distintas, sin embargo. En la oración, se agradece y se platica con Dios, mientras que en la meditación, se reflexiona en su ley, en su moralidad, en sus mandamientos, y en sus principios que nos harán ser mejores seres humanos. Se medita en cómo poner en práctica estos principios de Dios en nuestro trabajo o escuela, o en el hogar. Así que la salud espiritual se basa principalmente en la meditación diaria, analizando las bases morales que la Biblia menciona.

Sabemos que la moralidad en sí mismo no existe, que son solamente ilusiones, aunque, así como anteriormente he mencionado, las ilusiones crean la existencia, y sin ellas seríamos solamente materia flotando en el espacio. Si no alimentamos nuestra moralidad día con día, la olvidaremos y seremos semejantes a las bestias tomando decisiones en base a emociones e instintos físicos o emocionales.

Para ser santo dentro de cada movimiento religioso, es necesario cumplir con la moralidad de dicho movimiento religioso. En Apocalipsis 14:14 RVR 1960, menciona:

*"Aquí está la paciencia de los santos, los que guardan los mandamientos de Dios y la fe de Jesús."*

¿Quiénes son los santos según la Biblia cristiana? Los que guardan los mandamientos de Dios y la fe de Jesús.

Para ser más claro, me refiero a que dependiendo de cada moralidad o libros sagrados de las religiones, se considera "santo" a un tipo de persona. En este sentido, lo que para un budista puede ser un santo, para un cristiano no lo es, y lo que para un cristiano es santo para un musulmán puede no serlo, y así mismo va pasando con las demás las religiones del mundo.

Regresando al tema de la meditación, cada religión medita en sus escritos sagrados, y el no meditar empobrece la espiritualidad. Si deseas tener salud espiritual, debes meditar en la moralidad que deseas practicar.

¿Has elegido el cristianismo como religión? Entonces debes seguir la moralidad que el cristianismo propone para considerarte cristiano. ¿Has elegido ser musulmán? Entonces, en ese caso, debes seguir la moralidad de los musulmanes para considerarte musulmán. Así mismo, pasa con todas las religiones del mundo.

Pero, debido a que el título del libro es "El cristiano libre" supongo que has considerado ser cristiano.

¿Qué moralidad es más noble? ¿Qué religión tiene la moralidad más elevada? ¿Se trata sólo de ganar una entrada al cielo o escapar del infierno? ¿O se trata realmente de ser un mejor ser humano? ¿Con qué motivo Dios ha creado la moralidad en la humanidad?

Ser libre es comprender las ilusiones y vivir sin engaño, sin máscaras, sin velos, y aun así elegir lo que es lo mejor para tu vida. ¿Has considerado que la moralidad cristiana es hermosa? ¿Por qué no meditar en ella? ¿Por qué no leer más la Biblia?

No es necesario entrar en extremismos, pues sabemos que esencialmente todo es una ilusión creada para sostener la realidad y sostener la sociedad. Era necesario que Dios creara toda esta moralidad, todas estas ilusiones, que es como el pegamento que mantiene unido y en paz a todos los seres del universo, y a su vez esto permite la coexistencia entre ellos, sin que se destruyan. Donde la moralidad no existe, existen las guerras y la muerte. ¿Crees que vale la pena la moralidad de Dios? ¿Crees que vale la pena la salud espiritual? Yo creo que lo vale mucho. Pienso que debemos nutrirnos de buena moralidad y reflexionar en ella todos los días, para llevar paz y amor a todos los seres que nos rodean: esto es tener salud espiritual.

# La salud mental

Empezaré este capítulo diciendo que tú no eres tu mente, tú no eres tus recuerdos, tú no eres tus pensamientos, tú no eres tu inconsciente, tú no eres tus sueños, tú no eres los sentidos que sientes, tú no eres tus palabras, ni tus acciones.

Intentaré explicar mejor esto: tu mente es (de alguna forma) otro organismo con el cual haces una simbiosis, algo parecido como lo que ocurre con tu cuerpo. De hecho, en cierta forma, la mente sigue siendo el cuerpo pues son redes neuronales y procesos químicos cerebrales o también físicos lo que crean emociones y pensamientos a través de todo el sistema nervioso.

Daré un ejemplo para que se comprenda mejor esto que acabo de explicar. Analiza lo siguiente: si elegimos no poner resistencia a la mente, ésta se manejaría sola en forma automática; si no ponemos resistencia a la mente, ésta nos lleva por lugares que ya conoce, nos protege y nos cuida del peligro, nos advierte, nos aleja de lo dañino y nos lleva a la paz.

Lo mismo ocurre con el cuerpo: el cuerpo es un organismo independiente que si elegimos no poner resistencia, éste se aleja del peligro, el cuerpo se aleja de lo que lo lastima, el cuerpo va hacia lo que le produce paz y placer. Si nuestra conciencia no toma control de la mente o del cuerpo, estos van a actuar de forma automática.

En este sentido tenemos tres elementos básicos:

1. La conciencia.

2. La mente.

3. El cuerpo.

El cuerpo se dirige solo, y se necesita de una decisión consciente para ir en contra de la naturaleza del cuerpo. Por ejemplo, si el cuerpo quiere tomar agua, y nosotros no tomamos una decisión consciente de soportar el deseo de tomar agua, el cuerpo tomaría agua en ese momento.

Así mismo, la mente se dirige sola, y se necesita de una intensión consciente para ir en contra de la naturaleza de la mente. Por ejemplo, la mente que sufrió un trauma humillante debido a que la persona debía hablar en público, se protegerá y segregará químicos en el cerebro y sistema nervioso que producen miedo cada vez que ella quiera hablar en público. La mente se protege de volver a sufrir una humillación. Si no elegimos tomar una decisión consciente de atravesar un miedo, la mente se protege de volver a repetir un sufrimiento, y nos aleja del peligro o nos congela para no repetir el evento que nos ocasionó aflicción.

La mente es un sistema que va almacenando información y se programa para alejarse y producir miedo de lo que nos ha lastimado, así como de producir felicidad de lo que nos ha dado alegría y paz. La mente, como tal, es un mecanismo neuronal que funciona de forma automática creando sistemas de protección para poder sobrevivir. La mente nos aleja de los animales peligrosos, de lugares peligrosos, y de hombres peligrosos. Y es tan poderosa, que en algunas situaciones nos hace entrar en shock o nos congela para que no avancemos debido al peligro que se aproxima.

La mente nos da sueños y advertencias para alejarnos o acercarnos a personas, y nos da intuiciones por medio de segregaciones químicas en las redes neuronales para sentir cuando una persona no es confiable o confiable, esto debido a la deducción que la mente ya hizo sobre estas personas en base a la información que tiene almacenada en sus redes.

En este sentido, la mente es sólo un organismo como lo es el cuerpo: la mente nos trae recuerdos, música, olores y sabores, nos lleva a donde ella cree que es un lugar seguro, nos paraliza si lo desea, hace que extrañemos lugares o personas para regresar a estos porque ahí la mente sentía paz, felicidad o placer. La mente causa irritación o dolor de cabeza cuando estamos cerca de personas que nos pueden lastimar, nos acelera el corazón cuando cree que debemos correr, o nos relaja cuando cree que podemos confiar en alguien más. Ésta, con tal de estar segura o alejarse del peligro, nos puede saturar de imágenes o recuerdos para recordarnos un peligro y así alejarse de algo que nos podría lastimar.

La mente es imparcial así como el cuerpo, sólo ejecutan acciones de forma automática en base a la experiencia previamente recibida. Ambos son organismos que nos protegen, nos cuidan, y nos advierten: ellos son benefactores que siempre nos llevan al lugar que consideran seguro.

Aun con todo esto, surge la pregunta, ¿se puede pervertir la mente y el cuerpo? Mi respuesta rápida sería un sí, debido a que si hacemos una reprogramación al cuerpo o a la mente podríamos hacer incluso que lo dañino nos de placer, o también reprogramar a la mente para que las advertencias dejen de llegar a nosotros.

En este sentido, la salud mental se obtiene cuando utilizamos la conciencia (o la intensión) para dirigir la mente al lugar que queremos. Es decir, la salud mental es no dejarnos llevar por lo que la mente nos manda de forma automática, ya que muchas veces la mente toma caminos equivocados debido a las experiencias previamente adquiridas. No significa que la mente sea mala o buena, más bien que la mente actúa en base a la información previamente recibida. Si durante toda la vida de la persona, la mente recibe información de violencia, automáticamente tiende a reproducir patrones similares. Ya que la mente se trata de un organismo que tenemos que aprender a dominar y educar a través de la conciencia, tenemos que aprender también a reprogramarla, a sanarla de ideas o reflejos que tal vez nos están perjudicando en nuestro avance espiritual. Si no la dominamos, ésta nos dominará a nosotros. Por lo tanto, debemos crear una mente saludable, libre de sufrimiento.

La Biblia habla sobre la mente como entendimiento. En tiempos antiguos, la palabra "mente" significaba básicamente lo mismo que "entendimiento" en su etimología griega, se puede comprender que el entendimiento de los eventos genera en nosotros lo que es "odio", o "miedo" hacia lo que entendamos como "peligroso" o "dañino". Así, el "entendimiento" puede ser un sinónimo de "mente" como la Biblia lo relaciona.

Les compartiré algunas citas y un comentario de mi análisis personal que hacen referencia a la mente. En base a varias comparaciones de escritos griegos, he colocado las versiones bíblicas que más se apegan a los griegos originales respecto a la palabra o sustantivo griego de mente-entendimiento.

1. Corintios 2:16 RVR 1960, *"Porque ¿quién conoció la **mente** del Señor? ¿Quién le instruirá? Mas nosotros tenemos la **mente** de Cristo."*

**Análisis:** Podemos observar que a la mente la podemos educar para que reaccione de manera similar a la mente de otro ser.

2. Lucas 24:45 LBLA, *"Entonces les abrió la **mente** para que comprendieran las Escrituras."*

**Análisis:** Podemos apreciar que la mente se trata como un organismo independiente del ser y podemos abrirla o cerrarla.

3.  1, Timoteo 6:5 LBLA, *"(...) y constantes rencillas entre hombres de **mente** depravada, que están privados de la verdad, que suponen que la piedad es un medio de ganancia (...)"*

**Análisis:** Se puede observar que la mente se puede depravar o degradar, aportándonos una dualidad, para luego deducir que si la mente se puede transformar en depravada, también podría transformarse en no depravada, es decir, en una mente sana.

Con estos ejemplos podemos concluir que la mente se puede educar, abrir y sanar.

# Tolerancia religiosa

El pueblo que Dios reunirá en los últimos tiempos, según las profecías de Isaías, Daniel y Apocalipsis, será la humanidad más consciente que no tiene hábitos destructivos. Su pueblo se extraerá de todas las religiones ya sea de los cristianos, budistas, musulmanes, judíos, hinduistas o satanistas. Comprendiendo esto, no debemos juzgar a ningún ser humano por su religión,

Dios no cortará el árbol que dé buen fruto, independientemente el tipo de árbol que sea. El pueblo de Dios no es una religión, y los santos de Dios no están en una religión, los etiquetados "santos" son los seres humanos no destructivos y llenos de amor que hay en la humanidad. Santiago nos da una referencia de la verdadera religión:

*Santiago 1:27 RVR 1960, "La religión pura y sin mácula delante de Dios el Padre es esta: Visitar a los huérfanos y a las viudas en sus tribulaciones, y guardarse sin mancha del mundo."*

Con la cita anterior, podemos comprender que no existen las religiones, ya que las religiones no existen para Dios: las religiones las creó el humano.

Delante de Él, no existe cristiano, ni ateo, ni judío, ni budista, ni musulmán, ni satánico, ni hinduista, ni hombre ni mujer. Les compartiré otra cita bíblica que declara lo mismo: Gálatas 3:28 RVR 1960:

*"Ya no hay judío ni griego; no hay esclavo ni libre; no hay varón ni mujer; porque todos vosotros sois uno en Cristo Jesús."*

Las religiones o sectas son ilusiones e inventos del humano. Dios ve al humano independiente de todas estas etiquetas; Él únicamente ve el buen fruto o el mal fruto. Porque la verdadera religión pura, como lo dijo el apóstol Santiago, es visitar a los huérfanos, o ayudar a las viudas, es decir, el amor al prójimo es la verdadera religión para Dios.

La clave es la tolerancia. La sociedad se divide en personas con diferentes niveles de conciencia, o diferentes formas de pensar. Hay que respetar a los que tienen otro nivel de conciencia. Es como enojarse con un niño porque no entiende cosas complejas de un adulto. Por lo tanto, debemos comprender que son conciencias diferentes y menos maduras, ya que la clave es tolerar y aprender a convivir con estas conciencias o educarlas. Lo único que podemos hacer es "dar ejemplo con nuestra vida personal", porque no podemos imponer ideas, ni presionar a cambiar a otros seres.

# Conclusión

*¿Qué es el cristianismo?*

Después de leer este libro, podrás comprender claramente que la moralidad del cristiano, o más bien, la práctica del cristianismo es una bella ilusión. Es una ilusión que tiene la capacidad de dirigir a la humanidad completa en caminos de paz y de amor.

¿Dios es bueno o malo al crear todo el sistema del cristianismo? Dios eligió ser Dios, Él eligió crear existencia, eligió crear la materia, las ilusiones, las realidades, el lenguaje y todas las cosas hermosas que podemos disfrutar. ¿Vale la pena participar dentro del juego ilusorio de Dios? ¿Vale la pena sumarse al reino ilusorio de Dios? ¿Vale la pena amar, ayudar, servir, respetar como Dios sugiere en sus ilusiones?

Mi respuesta personal es que realmente sí lo vale y lo vale bastante.

El cristiano libre es aquél que no actúa sin comprender, que no actúa por paradigma familiar o social, miedo o recompensa. El cristiano libre comprende las ilusiones, actua desde su libertad, comprende a Dios como un ser que eligió ser Dios, comprende que nada en esencia es real, pero que todo se ha realizado para un fin, y que este fin es la armonía en el universo. El cristiano libre agradece a Dios por su maravillosa creación material e ilusoria, y obedece a Dios, porque ha comprendido que sus enseñanzas morales son sin lugar a dudas las ideales para que la humanidad pueda existir en armonía con su planeta y el universo.

Contacto:
Tiktok:
@cristalizador

Youtube:
@Micaeldenebadon

Instagram:
@micael_denebadon

ISBN: 979-8-218-97188-5

www.ingramcontent.com/pod-product-compliance
Lightning Source LLC
La Vergne TN
LVHW051812080426
835513LV00017B/1919